U0033818

青年黨史家

Young China Party Historian
The Biography of Shen Yun-long

沈雲龍 先生傳

陳三井 著
Chen San-ching

目次

緒言　迎接一位「無師自通」的近代史學家之誕生

一、動盪的大時代

　　沈雲龍（1910-1987），筆名耘農，江蘇東台人。從中學時代開始，他便是一位「憤青」，但不是犯了「左傾幼稚病」，而是投入了中國青年黨的懷抱，從此頂著「匹夫無罪，愛國其罪」的大帽子，與「國家主義」結下了不解之緣。

　　他生長在一個動盪不安、戰亂頻仍的大時代，內有軍閥混戰，繼之以共產黨叛亂（中共稱為起義），隨之神州沉淪；外有日本窺伺，先是日軍阻撓北伐，製造「五三」濟南慘案，繼之引爆「九一八」、「一二八」，乃至「七七」等事變；並組「偽滿洲國」，行「大陸政策」，發動全面侵華戰爭；最終侵略者雖然投降，自食其果，而慘勝的中國亦告民窮財盡，百孔千瘡。另北鄰的俄羅斯亦早思蠶食東北各項利權，迫我簽訂「中俄友好同盟條約」，趁火打劫，終至國土不保，中華民國剩下台澎金馬。

　　綜觀耘農一生，飽經顛沛流離，挫折連連，隨著大時代的洪流翻滾，他雖早年留學東瀛，但仕途官運並不順遂；他雖是過去萬年國代的一員，卻長期在公務衙門「坐食」修行，終日無所事事，不僅學非所用，亦壯志

難伸。

可喜的是，他有不屈不撓的意志，兼以家學淵源，得博覽群書，並練就筆桿當寶刀。來台後，既可轉換跑道，為報社撰寫社論，又在雜誌發表時評，甚至改行教書，兼治近代史，左右開弓。有云：成功的人，不一定贏在起跑點上，而是贏在轉折點上。所幸，天無絕人之路，他終於在壯年之際，於華人傳記文學圈開闢出一條與眾不同的坦途，在台灣近代史學界攻佔一席之地。

二、治史的部署準備

耘農之有今日的治史成就，並非僥倖，亦不是天上突然掉下來的禮物。

就事論事，耘農並非學院派科班出身的史學工筆者，而是一位道地的「半路出家」、「自學成家」、「無師自通」的史學「單幹戶」。他的治史過程比別人艱辛，所付出的精力和代價也可能比別人既多且大。我們且從他年輕的志趣說起。綜合他的自述和別人對他的訪問，耘農並不諱言，他不是歷史系科班出身的人，今天之所以還能夠對歷史有一點認識，進而建立一點研究的基礎，必須歸功於年少時期。首先，在家人的督促下，曾經讀了幾本對他的一生有影響的書，包括《綱鑑易知錄》、《御批通鑑輯覽》等。最重要的一本是清代趙翼（甌北）所寫的《廿二史劄記》，[1] 筆者以歸納的

1　趙翼為清乾嘉時代極富盛名之詩人，研究趙翼《廿二史劄記》有心得的杜維運教授指出，是書用歸納法比較研究，以觀盛衰治亂之源。又說：「最大特點，乃它採納排比和

方法，表達個人的所思所感，頗有趣味。其次，等年事
稍長，曾於抗戰時期餘暇，自行點讀了《資治通鑑》一
遍，這部貫穿一千餘年有系統的編年史，頗合他的口
味。最後，又拜讀了梁任公（啟超）的《中國歷史研究
法》，對這本條理分明的治史好書，甚為欣賞。這些書
使他了解中國歷史的演進，於治亂興衰、成敗得失等
等，獲得不少助益。同時，他又勤於讀報，對當年《大
公報》的「史地週刊」和《國聞週報》上的「凌霄一士
隨筆」，以及孟森（心史）、柳詒徵（翼謀）等人考證
清史的文章，尤為偏愛，因而引起他對中國近代史有更
高度的重視，並且隨時留心蒐集這方面的資料。至大陸
淪陷前，計藏有近代名人奏議、書牘、日記、年譜、
自傳、回憶錄、隨筆等，達數百冊之多。當民國 38 年
（1949）春，舉家倉皇遷台，覺得棄之可惜，遂裝了四
大木箱，攜出俱來。想不到這些資料，竟成為後來從事
寫作的有用之寶物。[2]

　　耘農的可愛，在於生前勤寫回憶，好談往事，而以
《傳記文學》為主要發表園地，這是一項自助、助人之
事，也是前人種樹，後人乘涼，為另日有人為他寫傳記

歸納等方法，解讀歷史，並採以史證人，對於重大歷史事
件、人物、現象及史實，以歸納法集合有關資料，作有系
統的論述與客觀評價。」參閱：趙翼著，杜維運考訂，《廿
二史箚記》（台北：百通科技，2021）。

2　沈雲龍，〈意外的機緣：我如何從事中國近代史的研究和
　　寫作〉，收入梁實秋等著，《我的第一步》（台北：時報
　　公司，1978），上冊，頁 167-175；邱秀文訪問，〈歷史不
　　是流水帳：訪沈雲龍教授〉，收入邱秀文著，《智者群像》
　　（台北：時報公司，1977），頁 94-102。

儲備第一手寶貴資料的功德好事。關於他個人對史學興
趣的發端，已見上述之外，當然也不能忽視前輩師友的
點撥，特別是受青年黨創黨前輩曾琦（慕韓）的影響。
緣抗戰後期，曾琦曾避難上海租界三年，耘農藉機時常
前往問安請益，每週至少晤面一、二次，見必長談，談
必留餐。因此，曾琦對耘農從讀書為文到立身處世，頗
多寶貴的啟迪。曾氏以為，耘農的文章簡潔有餘，偶爾
帶點辛辣，亦尚可取，惟雄渾剛勁則不足，故應多讀戰
國策、左傳、孟子、王安石、三蘇（蘇洵、蘇軾、蘇
轍）、東萊博議、飲冰室文集等書，作為入手之方。[3]
足見為學治史，亦非全憑興趣與自修苦讀，便可以成
家；到了某一個程度，師友的啟迪點撥和同行的切磋相
激相盪，仍有其必要，至少可以事半功倍，少走許多冤
枉路。

三、撰寫沈傳，責無旁貸

在「民國歷史文化學社」的某次編審會議上，向來
極富創意、新猷不斷的社長呂芳上教授，提出要為台灣
近代史學家出版個人傳記的計畫，初步規劃有郭廷以、
全漢昇、李國祁、呂實強、劉鳳翰、吳相湘、李守孔、
杜維運、蔣永敬、李雲漢、沈雲龍等十位左右。當進行
推薦撰稿人時，在座委員一致建議由筆者撰寫沈雲龍。
這是一項榮譽，亦是一份責任。個人與耘農先生，長時

3　沈雲龍，〈我所認識的曾慕韓先生〉，《傳記文學》，29
　　卷 2 期（1976.08），頁 10-12。

間有亦師亦友、忘年之交關係，就工作上來說，是責無旁貸；從情誼上看，更是義不容辭。

早在民國 51 年（1962）11 月，筆者放棄了中學教職，進入中央研究院近代史研究所當學徒，便追隨耘農擔任口述歷史訪問的助理，他以長輩之尊，無論工作上或為人處世方面，對筆者的關懷、照拂和期許，真是無微不至。及至民國 57 年（1968）筆者從國外進修歸來，我們之間的互動不但沒有減少，反而從口述歷史的孤寂小舞台，逐漸轉向熱鬧滾滾的傳記文學圈和台灣史學界風華正茂的大舞台。就在那時，筆者為耘農寫下第一篇簡傳：〈史學家沈雲龍傳略及其著作〉。[4]

民國 76 年（1987），走在人生高峰的耘農出席《全民雜誌》主辦的一項座談會，本有心臟病史的他因過度勞累而猝逝於現場。惡耗傳出，友朋震驚，同感不捨。其後，在《傳記文學》先後所主辦的兩次追思會上，筆者都沒有缺席，撰寫了〈沈雲龍研究近代中國史的一些波瀾〉[5]暨〈敬悼「後野史亭」主人沈雲龍〉[6]兩篇紀念文章；也曾在近史所出版的《郭廷以先生門生故舊憶往錄》[7]一書中，大談「我所知道的沈雲龍先

4　陳三井，〈學人簡介：沈雲龍〉，《近代中國史研究通訊》，2 期（1986.09），頁 69-77；後經《傳記文學》轉載，題目改為〈史學家沈雲龍傳略及其著作〉，《傳記文學》，51 卷 5 期（1987.11），頁 12-18。

5　陳三井，〈沈雲龍研究近代中國史的一些波瀾〉，《傳記文學》，90 卷 4 期（2007.04），頁 29-36。

6　陳三井，〈紀念沈雲龍教授逝世二十週年：敬悼「後野史亭」主人沈雲老〉，《傳記文學》，91 卷 4 期（2007.10），頁 60-62。

7　許文堂訪問，〈陳三井先生訪問紀錄〉，收入《郭廷以先

生」。最近，筆者又補寫了一篇〈沈雲龍對口述歷史的貢獻〉，[8] 算是略為觸及其一生貢獻的片斷。

　　有云：「一步一腳印，凡走過必留下痕跡」，以上幾篇拙文，都只初步涉及到耘農待人處世以及治學的吉光片羽側影，並不能保證撰寫沈傳的成功。耘農還留下更多更豐富的著作，包括短篇的論文和長篇的評傳與年譜，有待筆者更有耐性地去挖掘和更仔細地去拜讀。惟筆者能力有限，精力不再，雖有責無旁貸的認知和使命感，卻不無信心不足的惶恐。

　　最後，尚祈海內外方家暨耘農的親朋好友，不吝指正，庶幾不負「民國歷史文化學社」和個人對此項重責大任的新嘗試！

生門生故舊憶往錄》（台北：中央研究院近代史研究所，2004），頁 85-111。

8　陳三井，〈沈雲龍對口述歷史的貢獻〉，《僑協雜誌》，186 期（2021.05），頁 63-67。

第一章 故鄉、家世、童年

第一節 故鄉

沈雲龍，一字澤清，號耘農（本書行文將以耘農稱呼，以示統一，並表尊敬），於 1910 年 11 月 10 日（清宣統 2 年 10 月初 9 日），生於江蘇省東台縣安豐鎮（一稱東淘，舊稱安豐場）。

耘農對於故鄉，從安豐到東台縣，如數家珍，先後引縣志等珍貴史料，撰文發表於《傳記文學》，省卻筆者撰寫本書之麻煩與痛苦，這是讀書人體諒後進，早做資料準備之德便，值得在此一敘。

先說安豐鎮，今屬東台縣之第二區，市街即在范公堤上，南北長達 7 里，以石板舖路，兩側為商店，鱗比相接，南、中段較繁盛，北段稍稀落。南距 18 里為富安場，北距 7 里為梁垛場。鎮之西為串場河，接通運鹽河，經泰縣以入長江，鎮之東臨竈河，一稱海河，連接各鹽竈，便於舟楫運輸，兩河與市街平行，成川字形。河之沿岸，亦多有商舖住戶，市街與兩河之間為民居，分別有若干東西通道，名之為巷。沈家祖居即在鎮之中段公館巷內。居民除土著外、徽州及鎮（江）、揚（州）之人，以客籍從事貿遷及業鹽者亦不少。

　　安豐全鎮人口約三萬餘人，但寺廟特別多，據傳有72處，香火甚盛。又安豐鎮以串場河、海河與市街平行之故，橋樑亦特多，計十處，除南北兩石橋外，餘均係拱形木橋。再因臨海關係，安豐亦以海產名菜享譽近鄰。在歷史上除明末清初曾一度為兵燹戰區外，安豐人樂天知命，安分守己，既少鉅富，亦乏赤貧，大家過著平靜的日子。

　　次說東台縣。東台縣地處長江以北，東海之濱，原為舊屬揚州府八縣之一。東台，一稱東亭，在昔無此縣名，舊隸泰州（今泰縣），乾隆 33 年（1768）經兩江總督奏准，始析分泰州東北境及兩淮塩運使泰州分司所屬的角斜、栟茶、富安、安豐、梁垛、東台、何垛、丁溪、小海、草堰等中十場沿海產塩之區，設東台縣。總計全縣面積東西廣 290 餘里，南北袤 120 餘里，周圍綿亙 800 里，所轄村莊約 1,900 餘處，幅員遼闊，煙戶繁多。

　　入民國後，各塩場多有裁併，但仍置場知事權塩如故，而若干塩區因張謇（季直）的提倡，採行公司經營，從事集體墾殖，大量改種極佳的棉花，致塩產量大不如前。至民國政府時期，以生齒日繁，東台全縣人口已達 130 萬人以上，不分民灶，劃為 9 個行政區，其面積廣闊，在全省 61 縣中，僅次於阜寧，而居第二位。抗戰前，中國、交通、農民銀行均於東台設有分支行及倉庫，收購棉花、小麥，並築有通榆公路，市面極為繁

榮。官場上有稱「金如皋，銀東台」，其富庶可知。[1]

最後再說南通。耘農少年時期，即民國 14 年（1925）秋季在上海「五卅慘案」發生後不久，由故鄉東台縣立初中一年級，轉學到 200 里外的南通省立七中的初中二年級。因有這層上學受教育關係，他不但人親土親，對南通的人物、地理以及歷史掌故等瞭若指掌，更把南通視為自己的大故鄉。誠如與耘農有同志、同學、同事、同堂「四同之誼」的馬聯芳所言，南通是清末甲午科（1984）狀元張謇的故鄉，張謇開發南通，不僅以提倡植棉、振興紡織業而馳名；其創辦的南通大學也成為國內名大學之一。所以南通是一個人文薈萃，望衡對宇的都市。[2]

提到南通，當然不能不談張謇創辦新事業的貢獻。這裡有一段生動的故事，可為沈傳作一補白。博學多聞，治傳記人物史極有貢獻的作家蔡登山，在其《讀人閱史》一書中，特別提到左舜生訪南通的一段往事。民國 19 年（1930）左舜生讀到了出版不久的《張季子九錄》和張孝若寫的《南通張季直先生傳記》，便下了決心要到南通去看一看。到了南通，他看到的盡是張謇的事業：公園、博物苑、天文台、圖書館、通州師範、女工傳習所。他明顯的感覺到張謇「手創之事業已衰相畢露」，「陷於停頓」，於是「不勝人亡政息之感」。他

---

1 沈雲龍，〈故鄉摭憶〉，《傳記文學》，26 卷 2 期（1975.02），頁 23-29。

2 馬聯芳，〈沈雲龍兄逝世週年紀念〉，《傳記文學》，53 卷 4 期（1988.10），頁 53-56。

又說，雖然如此，到了南通境內，仍然覺得這裡家給人
足，通州師範與女工傳習所也有良好的學風，公園、博
物苑、天文台、圖書館這些公共設施大體基礎還在，就
是政府沒能進一步建設好，只能由它們自生自滅了。[3]

職此之故，耘農提起南通，自然感到與有榮焉，而
說到張謇其人，更加肅然起敬！

國人一向重視地緣的同鄉關係，土親人亦親，還有
從小同鄉到大同鄉，他鄉遇故知，共用家鄉口音交談的
親切感，東台縣與興化縣同在江蘇省北部，一般人稱之
為蘇北，在興化縣出名的阮毅成（屬國民黨籍），與真
正興化人楊毓滋（中國民主社會黨）、冷欣（若庵，國
民黨籍）和東台縣籍的沈雲龍（中國青年黨）四人都算
是蘇北人，四個人聚在一起，卻分屬三黨。所以每次聚
談，不愁沒有話題，並且永遠覺得並未盡興。[4]

第二節　家世與家庭

關於家世，耘農除定期為清末民初歷史人物撰文發
表於《傳記文學》外，並自民國 64 年（1975）起，開
始寫有關自己的家鄉、家世、童年，以及中學、大學而
至留學東瀛的經過，先後發表有〈故鄉摭憶〉、〈憶述

3　蔡登山，〈情在可解不可解之間：張謇與沈壽〉，收入蔡
　　登山著，《讀人閱史：從晚清到民國》（台北：印刻出版，
　　2011），頁 12。

4　阮毅成，〈敬悼沈雲龍先生〉，《傳記文學》，51 卷 5 期
　　（1987.11），頁 21-22。

我父的生平及其逝世〉、〈我的童年〉、〈平生歷險記〉、〈南通、上海、東京〉、〈光華大學雜憶〉、〈憶先父、悼亡女〉等早年回憶。這些文章，對於其先世先祖的描繪因時代久遠，著墨比較少，而於父母一代則留下較多的資料。在動盪的時代裡，看到父母親教育子女成長的重要性。

耘農的家世本以教讀為業，父親名鏡蓉（仲芙），生於光緒 9 年（1883），卒於民國 39 年（1950）6 月 24 日，享年 68 歲。耘農父親係光緒癸卯秀才，為縣學生員。翌年廢科舉，初任塾師，民元棄儒從商，在故居永興橋附近租屋開設磨坊，經營米業。其父本無商業經驗，然以其天賦之精細綜覈能力，操奇計贏，夙興夜寐，勤勞異常，不僅營業日益發達，家境亦漸臻豐裕。

三年後，其父又棄米從油，改設油行或油廠壓榨豆餅，銷行甚廣。每於炎夏盛暑之時，先行貸款各農民訂購蘠草，並向用戶洽定預購數量，待交貨之期，分別雇舟載運送達東台、如皋、泰縣、興化、高郵各城鎮之油坊，亦遠至浦口、常州、無錫各大榨油廠，貿易甚為鼎盛。俟至冬初，又需至各地結賬，倍極辛苦，而賺利則殊可觀。其父嘗謂：「人棄我取」，其眼光之獨到多類此。是故從民國元年（1912）至 20 年（1931），也即其父 30 至 50 歲這一期間，雖說創業維艱，十分忙碌，但卻是他畢生中得心應手、順利成功的巔峰階段。歷年來，以其貿遷所得，擴建住宅，購買市房兩所，續置荒、熟田產 300 餘畝，駸駸然躋於小康之家，迴非昔日設塾授徒的窮書生可比了。這筆房產與田產也就是日後

耘農留學東瀛的旅費、學費與生活費之所繫也。[5]

　　耘農的生母名趙普第，與耘農的父親同庚，他們於 22 歲時結婚，逾 6 載始生下耘農。耘農是個既無兄弟又無姊妹的獨生子，因而自幼至長，都得到異常的寵愛。耘農的母親寓愛心於嚴厲督責之中，期望愈殷切，督責也愈嚴，希望獨生子能堂堂正正規規矩矩的做人。相對的，耘農的父親則較寬容，不似母親督教之綦嚴。耘農的母親於民國 30 年（1941）因心臟病及腎臟病不治逝世。

　　耘農於民國 21 年（1932）春 4 月，奉「父母之命，媒妁之言」與章萃女士結婚，婚後育有二女一男。長女楚，卒業台北法商學院，執教國中；長婿高玉泉，日本明治大學碩士，先供職台北市銀行，後改調中國農民銀行總務室副主管，生外孫男女各一。次男冀，卒業東海大學，服預官役後赴美留學，獲喬治亞理工學院博士學位，任職密蘇里州聖路易城；媳朱榮琴，靜宜文理學院畢業，生有外孫一名。幼女齊，卒業世界新聞專校，留日深造，與早稻田大學商學士田治民締婚，俱在東京神田外語學校任教。[6] 這是耘農一家三代的大致情況，隨著歲月的消逝和變動，不在此贅述。

5　沈雲龍，〈憶述我父的生平及其逝世〉，《傳記文學》，
　　26 卷 6 期（1975.06），頁 66-67。
6　沈雲龍，〈憶述我父的生平及其逝世〉，頁 70-71。

民國 31 年（1942）
舉家遷上海時攝
影。中坐者為
其父親，後左為
章萃女士，前右
為次男沈冀，
前左為長女沈
楚。《沈雲龍先
生紀念集》，頁
303。

民國 68 年（1979）沈雲龍與章萃合影。陳三井，〈紀念沈雲
龍教授逝世二十週年：敬悼「後野史亭」主人沈雲老〉，
頁 61。

第三節　童年啟蒙

　　根據耘農的回憶，他 4 歲時開始識字。先是，由其父抱著身軀，指著堂屋門聯：「華封三祝，天寶九如。」「東魯雅言，詩書執禮；西京明詔，孝悌力田。」一個字一個字的教，直至認熟為止。再以紅紙自書字塊，每日以四個字為度，反覆把它念熟。到 5 歲時，已能認識千餘字，並口授木蘭詞，令其背誦。耘農大體能背誦無誤，故雙親至感滿意喜悅。

　　至民國 4 年（1915）正月，耘農年已 6 歲，乃奉父命隨堂兄入塾讀書，塾師丹徒坿生王問渠，在陽春館巷自宅設塾，約收長幼學生 40 餘人，程度不齊。書館距家不遠，每日上下午由女佣接送，啟蒙課本是三字經，並複習已識的字塊。在此館讀了一年，耘農父親以其學生眾多，管教難周，乃糾合友好 10 人，共同醵資，向東台縣城以高薪延聘蔣輯五（仁瑞）來鎮教讀，供其食宿於杜家巷杜宅，學生不超過 15 人，與一般私塾不同。蔣師為邑名秀才，授徒多年，規行矩步，嚴肅有威，規定學生必須著長衫袍，短裝不收，夙有「蔣板門」的綽號。蔣師唇蓄短鬚，經常口含仁丹，管束生徒極嚴，必須清晨按時到塾，有時遲至黃昏始放學。路近者，中午回家用餐，飯後返塾，如延遲過久，則命其離塾前先點一炷香，插於大成至聖先師孔子神位香爐中，若香燃盡而尚未返者，即施以夏楚。換言之，吃飯及往返只許以一炷香為限，否則即認定在外閒玩。

　　耘農從 7 歲到 11 歲，在此書塾整整讀了 4 年，最初是複習三字經，然後依序讀百家姓、千字文、大學、中庸、論語、孟子。每日必須依仿格寫大字一頁，及點讀新書三數行。上午依序至蔣師桌前，將先一日所教之新書及以前讀過之熟書，按照預先指定的段落，分別背誦一遍，只是考察你的記憶力，並不講解書的內容。如果一字一句背誦無訛，功課即算完畢，否則即責打手心或罰跪重讀再背。耘農自承有小聰明，無論新書、熟書總能琅琅背誦，字句不遺，深令塾師滿意，並取得其信任。

　　與一般私塾不同的是，蔣師另在課外教筆算，用一塊黑板演練加減乘除的簡單算題，並讓年紀稍大的學生選讀曾文正公家書、家訓及古文觀止等，因此，耘農在塾中曾讀過李密的〈陳情表〉、韓愈的〈進學解〉、〈祭鱷魚文〉、〈祭十二郎文〉、歐陽修的〈瀧岡阡表〉、蘇軾的〈前後赤壁賦〉等數十篇，都能記憶成誦，可惜從未教過作文。

　　除了私塾啟蒙 5 年外，耘農最愛看的是古典章回小說。耘農外祖家藏有木版《三國演義》、《水滸傳》、《封神榜》、《彭公案》、《施公案》、《七俠五義》、《小五義》等小說甚多，都是他一讀再讀、飽覽無遺的消遣讀品。又隔壁鄰居老嫗喜讀〈天雨花〉、〈筆生花〉、〈再生緣〉等彈詞，耘農也同樣借閱分享，以打發時日。其後，或購或借，也瀏覽過《鏡花緣》、《蕩寇志》、《紅樓夢》、《西廂記》、《聊齋誌異》等小

說，排遣了童年的許多歲月。[7] 總之，耘農童年前後在私塾讀古文 5 年，長於背誦，記性好，以今日視之，私塾的教育確實與現代不同而特別，且經過塾館的訓練，古文造詣與文筆的練達當無話可說。

7　沈雲龍，〈我的童年〉，《傳記文學》，27 卷 3 期（1975.09），頁 21-26。

第二章　動盪時代中的學潮

第一節　新式教育初體驗

　　民國 10 年（1921），耘農 12 歲，結束了私塾的學業，於春季插入私立的善善初等小學四年級肄業，校址即在距家十步之遙的公館巷內。級任老師周叔藩教國文，沒有課本，發油印講義，第一課就是杜甫的〈客至〉七言律詩，內有：「舍南舍北皆春水，但見群鷗日日來。花徑不曾緣客掃，蓬門今始為君開。盤飧市遠無兼味，樽酒家貧只舊醅。肯與鄰翁相對飲，隔籬呼取盡餘杯。」周師講解清晰，使耘農初次領略到詩的意境和對仗的工巧，頗有新奇之感。相較之下，耘農針對某大學教授主編的小學教材，內有一句「牧童騎在牛背上，邊走邊吃草」，大有不知六十年來的語文教育，是進步還是退化的無限感嘆！

一、安豐高等小學

　　耘農在善善小學讀了半年即畢業。暑假後，升入安豐高等小學肄業。它是地方公立，非縣立，由淘水書院改設，以原有之田地學產專款收入，移充經費。校址在四倉巷與杜家巷之間，距沈家不遠，可以聽到上課

鈴聲。

安豐高等小學，在全縣中辦理成績，首屈一指，乃前後任校長周百川、任瑤阜兩位先生辛勤擘劃之功。周校長名國江，安豐本鎮人，兩江師範學校畢業。軀幹魁梧，長袍大袖，不修邊幅，口才辨給，長於肆應，辦學極具魄力。在他任內，適當五四運動學潮發生之際，他聞風響應，命學生列隊至市街遊行演講，喚起民眾，抵制日貨，使一向平靜無波的小鎮，掀起反日熱潮。又在鎮西馬路橋一廣大而荒蕪的草地上，舉辦一次從未有過的全校學生運動會三天，展開各項比賽。鎮民扶老攜幼前往參觀，絡繹於途，極博好評。這於啟發民智，推動體育，頗收功效。

不久，周校長因辦學績效良好，調升東台縣勸學所（即今教育局）所長，由鎮紳延聘任瑤阜繼任。任氏係清末秀才，南菁高等學堂畢業，原籍興化，寄居東台城內，精歧黃，而隱於商，久擅文名為鄉里推重。其人兩眼炯炯有神，口齒清晰敏捷，服裝甚考究，處理校務有條不紊，禮聘名師不以本縣本鎮人為限，故來執教者俱有專長，遠近鄉鎮村莊學童，不憚數十里之遙，慕名來學者迭有增加。新校長於每月朔望之晨，師生齊集禮堂，向孔子牌位行禮，並有讀經、修身課程，可謂相當守舊。但在創新方面，則成立童子軍團最早，依番號次序，編為江蘇省童子軍第二團。

耘農班上共 20 餘人，級任老師繆西屏教三年國文，除課本外，另選古文油印講義補充，每週出題作文一篇。耘農從來沒有寫過，起初不知如何下筆，每次不

論什麼題目，總以「人生在世，⋯⋯」開始，而不知如何切題，往往寫了兩三行就寫不下，真是枯窘萬狀。後來其父買了一部《中華故事集》，以成語為主，上圖下文，解釋簡單扼要，使其懂得許多詞彙。另購有《國文成績精華》及《文庫》兩部，乃是上海書商蒐集全國中小學學生的優良作品，彙集編印而成，其中各種體裁文章都有。自此，遇到作文時，乃選擇其題目相合的，或模倣其語氣，或變通其詞句，居然博得老師的讚賞，認為大有進境。以後，耘農自覺漸漸開竅，能夠運用自己心思，雜湊成文。推源功始，實自抄襲而來。所謂「熟讀唐詩三百首，不會做詩也會偷」者是也。

民國 13 年（1924），應是耘農高小畢業的一年，到是年春正月忽患重病，周身相繼出現疹、痧、斑，四肢無力，初延中醫服藥診治未愈，未久全身的腰、脅、肩、背、腿等處，即凸出似饅頭大小的無名腫毒七塊，纏綿床褥近兩月，飲食不進，奄奄一息，大便數日一解，奇穢難聞。後來得知此病叫「流注」，經延名醫開刀取膿，花大錢經數月始治好。病愈後，特准參加小學畢業考試，同學亦暗中幫忙，結果全班 23 名中，統算三學年成績，耘農以倒數第二名畢業。[1]

二、東台縣立初中

小學畢業之後，緊接著就要投考中學，這是人生重要階段的開始。父母親以耘農大病初愈，又係獨子，不

---

[1] 沈雲龍，〈我的童年〉，頁 24-25。

希望他遠離；加以功課久疏，能否考取，殊無把握，故
主張輟學一年再說。

　　當時，全國實施新學制不久，即舊制的高初等小學
7 年，改為高初級小學 6 年；舊制的中學 4 年，改為高
初級中學 6 年；舊制的大學預科 2 年、本科 4 年，改為
大學 4 年，而將預科取消。在耘農上一班同學畢業時，
因係過渡時期，准許投考初中二年級，但從耘農這一屆
畢業起，只能投考初中一年級，本已吃虧一年，若再輟
學一年，等於平白損失兩年，太不合算，為此，耘農再
三要求，希望本年就考，勉獲雙親同意。

　　可惜的是，此時外地省立中學的考期已過，錯失機
會。幸東台縣立初中恰巧新創辦，因受江蘇省督軍齊燮
元和浙江督辦盧永祥戰爭的影響，遲至陰曆 9 月中旬始
開學，其校長楊琬（莟玉），係耘農父親科考時的認保
師，於是在開學後的兩個星期，向楊校長請求入學，經
特別通融補考，遂告錄取。

　　東台初中只招了新生一班約 50 人左右，並無新建
校舍。初貸民房開學，一年之中搬遷了三次，最後才確
定以文廟舊設甲種師範講習所為校址，管理和設備都談
不上，師資尤其缺乏，甚至以體育老師兼教英文，其簡
陋可知。而同學中不少是城裡沒落世家的子弟，具有某
些不良的習染，使耘農感覺這決不是理想的讀書環境，
遂時時作轉學的打算。[2]

2　沈雲龍，〈四十年前中學時代的回憶〉，《傳記文學》，
　　11 卷 6 期（1967.12），頁 50。

第二節　省立南通七中

耘農在東台縣立中學勉強讀了一年之後，因堂兄夔龍肄業於南通的省立七中高中三年級，透過他向校長于忱（敬之）的推介，沒有經過任何考試，而於民國14年（1925）秋季順利的轉學到200里外的省立南通七中初中二年級。這是耘農初出遠門負笈求學的第一遭，而南通不比安豐或東台，它是與上海聲息相通的都市，何況正當上海「五卅」慘案發生後不久，全國各地學生反日反英運動怒潮澎湃之時，耘農往後一生的命運也與南通和學潮結下「斬不斷，理還亂」的關係。

耘農記憶力超強，至少在《傳記文學》先後發表〈四十年前中學時代的回憶〉（11卷6期）、〈南通、上海、東京：追憶抗戰前陳啟天先生二三事〉（47卷2期）兩篇回憶性文章，對於南通七中的點點滴滴，有極為詳盡的描述，茲分述如下。

一、人文薈萃的南通

南通素稱人文薈萃之區，在清代出了兩位狀元，除了大家耳熟能詳的張謇外，早期還有乾隆己酉科大魁天下的胡長齡，文廟裡掛滿許多舉人、進士，乃至「兄弟叔侄同科」的匾額。

南通在張季直多年經營下，已具有近代都市的相當規模。最令人嚮往、大開眼界的是南通的教育特別發達。除省立七中外，有大學性質的農科、紡織科、醫科三個專門學校，醫科並附設醫院。其次有第一代用師

範、女子師範及男女附屬小學暨幼稚園，還有甲種商業
學校、伶工學社、女工傳習所、盲啞學校、圖書館、博
物館等，均係張氏私人創辦。其他尚有私立和教會所辦
的幾所中學。所有各校學生自以籍隸本縣者居多數，而
來自鄰近各縣及江北、淮陽、徐海各屬者亦不少，更有
遠從安徽、江西、浙江、廣東、廣西、四川、陝西、甘
肅等省來求學者，所以每值休假之日，滿街都是方言各
異的男女學生，熙熙攘攘，往來如織，頗具蓬勃朝氣，
亦見文風之盛。

　　南通城外有寬闊的馬路，四通八達，路旁栽植桃樹
和楊柳，每到春天紅綠相映，燦爛似錦；又有東西南北
中五個公園，具有樓台丘壑之勝，供人休憩；四週環繞
著湖沼，可以泛舟遊覽；還有各種宏偉的建築，如總商
會、俱樂部、更俗劇場，以及面積廣大的公共體育場，
可利用為民眾大小集會之所。近郊的北上山和離城十餘
里的狼、馬、劍、軍、黃五山並峙，又有若干寺廟名勝
和張氏的私人別墅，更是學生們郊遊遠足的好去處。

二、南通七中的規模

　　影響耘農一生命運至鉅的江蘇南通省立第七中學，
它的前身是通海五屬公立中學，係南通狀元張季直所倡
辦，至國民政府初期，隨著大學區的興廢，一再更名，
最後始確定為江蘇省立南通中學。學校位於南通城內北
隅街盡頭轉腳處，佔地甚廣，可容納全校師生六、七百
人，綽有餘裕。校址右為天寧寺，左為常平倉，並與縣
立城北高等小學毗連，有隧道可通校園，有亭池曲橋花

木之勝。校門隔著一條馬路，便是南通縣政府的後壁。
校舍是目字形的二層樓建築，僅最後一排是四層樓，有
天橋直通緊靠北城牆根的大操場，二、三排中間相連，
樓上為圖書館，樓下為大禮堂，兩旁俱為教室。東西兩
廂及四樓上下為宿舍及自修室，其環境設備及師資教
學，在所有省立學校中是相當著名的。[3]

　　省立七中分高、初中兩部。耘農轉入該校初中二年
級時，校長于忱為南通呂四鎮人，係狀元張謇的及門弟
子，曾留學日本，是富有教育行政經驗的篤實長者，全
校師生無不對之敬畏有加。七中校友來台者有夏德儀
（曾任台灣大學歷史系教授）、王師曾（前行政院政務
委員）、季履科（前台肥基隆廠廠長）、黃繼曾（曾任
職鐵路局）、向儁南（曾任職經濟部）等人。

三、南通七中的自由風氣

　　耘農初到校時，對一切感到新奇，經常看見大禮堂
入口處左右兩側牆壁上張貼《嚮導》（係中共中央於
民國 11 年〔1922〕在上海所創辦）與《醒獅》（係中
國青年黨曾琦、左舜生等人於民國 13 年〔1924〕在上
海所創辦）兩份週報，並註明某某自修室代銷，有時佇
足而觀，覺得《醒獅》提出「內除國賊，外抗強權」，
「內求統一，外求獨立」的口號，主張國家主義，實行
全民政治，反對階級鬥爭和一黨專政，以及與《嚮導》

3　沈雲龍，〈南通、上海、東京：追憶抗戰前陳啟天先生
　　二三事〉，《傳記文學》，47 卷 2 期（1985.08），頁 15。

唇槍舌戰、針鋒相對的辯論文字，頗感興趣；尤其署名
「曾琦」、「愚公」（左舜生筆名）用文言文指謫時政
的長篇或短評，更能引人入勝，雖其時白話文在五四運
動後業已流行，但總不如文言文簡潔有力，較為國學有
根柢的青年學子所接受。於是耘農由零購而變為長期訂
閱《醒獅》的忠實讀者。

　　奇怪的是，當時學校訓育當局並不禁止，地方軍警
也沒有檢查郵電、扣押報刊雜誌的行動，完全採取放
任，不加聞問的態度。令耘農回想，頗覺其笨蠢可愛，
不及現代黨政官員的聰明，這或許也算是時代的一種進
步吧！

四、與國家主義派的接觸

　　民國 15 年（1926）夏，學期考試結束快要放暑假
時，某日大禮堂前忽貼出布告，上海醒獅社的曾琦、陳
啟天兩先生來校演講。屆時，于忱校長特命堂兄夔龍以
應屆高中畢業生代表學生會致詞歡迎，並引導曾、陳兩
先生進入大禮堂。時禮堂已座無虛席，兩先生俱著學生
裝，樸質無華，看上去不過三十四、五歲左右。首先由
端凝莊重的曾琦先生上台，大講其國家主義就是救國主
義，手持上海九福公司為推銷其藥品「百齡機」所贈送
的紙摺扇，上面橫印著「百齡機有意想不到的效力」幾
個大字，曾先生把扇面打開，並指著說：「信仰國家主
義，就如同百齡機一樣有意想不到的效力！」就地隨機
取譬，生動而又風趣，故贏得聽眾不少掌聲。

　　接著由目光炯炯、略顯清癯的啟天先生登台，大聲

斥責中共受蘇聯指使，想用「借妻生子」的方式，準備赤化中國、篡奪國民黨的陰謀，並舉他不久前在武昌中華大學講演時，共產黨嘍囉們策動暴徒搗亂會場的事件為例，完全不許他人有批評的自由，簡直是「到處搗亂，死不講理」，這八個字確成為共產黨後來擴展活動的定評。兩先生的講話，雖各帶有川、鄂的鄉音，有些地方不能完全領會，但態度誠懇，語驚四座，給台下聽眾留下深刻而又敬佩的印象。

在講演後的第二天上午，耘農即偕同張博、王道一、張嘉福三位同班同學，逕赴曾、陳兩先生所寓「有斐館」旅社拜訪。經過一席長談，始知還有個「中國國家主義青年團」的愛國團體，它的宗旨是「本國家主義之精神，採全民革命之手段，以外抗強權，力爭中華民國之獨立與自由；內除國賊，建設全民福利的國家。」耘農等四位年僅十七、八歲的青年，覺得這個團體的宗旨光明正大，憑著一股愛國救國的衝動，不知人世多麼險阻艱難，遂當場毅然要求加入，發生組織關係。當時中國青年黨尚未公開黨名，過了兩年，他們才由團員升為黨員，從此註定了耘農一生的命運，和「匹夫無罪，愛國其罪」的一頂「國家主義派」的帽子，結下不解之緣。

民國15年（1926）秋季開學後，中國國家主義青年團南通縣團部秘密成立，初由尤西冷同志主持，他任職七中教務處，家境清寒，是十足的無產階級，但其愛國情操遠勝階級意識，在他的推動下，團務發展甚快，吸收南通大中學男女青年不少。次年夏，國民革命軍北

伐底定長江下游，尤西冷和另兩位同志，卻以「反動」
嫌疑，為駐軍第二十六軍周鳳岐部伍文淵師所逮捕，團
務改由王道一負責，不料又因上海寄來《醒獅》週報被
查獲，便衣治安人員來校拘捕，幸其機警逃脫。王道一
離開南通後，團務改由耘農繼續主持。

　　至民國 17 年（1928）5 月，穆濟波繼任校長，他
是位熱情奔放的詩人，具有一副仁慈的性格，他曾經加
入過「少年中國學會」，因而有國民黨、共產黨、青年
黨各方面的不少朋友和學生。他重視友情與師生之誼，
而不太注意左右思想的紛歧，故所聘老師五花八門，兼
容並蓄。他重視的是「有教無類」的教育方針，視同學
如師保之於赤子，因此師生感情相處融洽。他並且延請
教官，實施高中軍事訓練，把原有作息時間及上下課的
鐘聲，代之以雄壯的軍號，頗能震動人的心弦，而使生
活規律趨於整齊一致。是以在他掌校期間，是全校秩序
最安定而學業最進步的一年。[4]

　　到了民國 18 年（1929）6 月，大學區制停辦，南
通七中便改為省立南通中學，仍歸江蘇省教育廳管轄，
廳長陳和銑大概屬於留法勤工儉學一派，對教育行政尚
是生手。穆校長因為晉省要求擴充高初中班級及增加經
費，久久未獲解決，憤而辭職。教廳改派督學易作霖繼
任，其後兩年之中換了三個校長，人生更動如易棋，教
育制度又時時改弦更張。

4　沈雲龍，〈南通、上海、東京：追憶抗戰前陳啟天先生
　　二三事〉，頁 15-16。

　　至同年秋季開學，亦為「少年中國學會」會員的穆校長，在辦理交接歡迎新代校長的典禮上，遭公安局逮捕。身為學生會主席的耘農，為了挽留受學生愛戴的穆校長，責無旁貸的成為領導學潮，抗拒先後兩位繼任者的罪魁禍首。其結果，教育廳陳和銑廳長直接下令將耘農開除僅剩一學期即可高中畢業的學籍，另有 18 名同學遭記大過兩次處分，還辭退了三位教師，這在當年是轟動全省的一件大事。

第三節　上海光華大學

一、南通七中被開除的另一段故事

　　穆校長請辭後，教育廳發表的新任江卓群校長，遲遲未能到職，暑期高初中新生招考，遂由駐校教職員和學生代表組成招生委員會，按照前任穆校長原定擴充班級計畫招考。教育廳雖不同意，亦未阻止，最後只好承認既成事實。新生入學考試時，耘農擔任高中監考，曾發現幾個舞弊者將其考卷扣留，不予計分，後來得知據說是 C. Y. 份子，不料因此結怨。

　　耘農當時在校很活躍，曾擔任學生會主席，又是「擁穆派」，遂漸次為校內外所注目。民國 18 年（1929）秋開學以後，江校長始到職。他的性格近於優柔，所聘的教員多半缺乏教學經驗，在同學不滿情緒之下，又發生了風潮，耘農和其他兩位同學被推，代表全校赴鎮江向教育廳請求撤換，而就職僅二、三個月的江

校長也就在大家歡送之下離開了學校。正當上級感到一群學生不易對付，尚在考慮如何執行的時候，某天深夜，忽然全校發現許多小傳單，上面油印的是「擁護三代表」、「請教育廳收回成命」的簡單口號，而下面署名的是「中國共產黨江蘇省南通縣支部」，並偷蓋上業已截角作廢的前「國立第四中山大學區立南通中學學生會」戳記。耘農一看情形不妙，這正是 C. Y. 落井下石、暗箭傷人的詭計。恰好其父因事在鎮江聞訊，急趁江輪到南通，兩人見面後，又得英文老師警告，即於翌日雇車到海安，再換船回家，因而逃過一劫，悵然告別了南通。[5]

二、就讀上海光華大學

光華大學的設立，有一段可歌可泣的故事。民國14年（1925）上海英租界發生「五卅慘案」，聖約翰大學學生憫同胞之被慘殺，為懸半旗追悼，校長美人卜舫濟（Dr. Hawks Francis Pott）橫加阻止，攫國旗以去，於是華籍教員 19 人與學生 553 人，激於愛國之忱，慷慨離校，設善後委員會，奔走呼籲，謀由國人自建大學，張壽鏞（詠霓）等挺身而出，號召群倫，以創立有民族精神之學校為己任，光華大學於焉產生，以張壽鏞為校長，校址在霞飛路及新西區，以前者為大學部，後者為中學部。同年 9 月開學，設有政治、社會、教育、

5　沈雲龍，〈南通、上海、東京：追憶抗戰前陳啟天先生二三事〉，頁 16。

文學和歷史等系科，亦兼顧包括土木工程、經濟、會計、銀行、工商管理等實用系科。[6]

被南通七中開除後，耘農於民國19年（1930）春，考取春季始業的光華大學政治系一年級，算是跳越了一個學期，他一面讀書，一面與黨的組織聯繫。當時中國青年黨設在愛文義路的愛文書店，是上海及各地來滬同志的總聯絡站，也是相互通信約晤及短期住宿的接待處。另一個接待處是設在威海衛路的知行學院，原由李璜任院長，在李璜回川期間，暫由陳啟天代理。

耘農在光華讀了一年，至民國20年（1931）春，應黨的徵召主持上海市團部，因而休學一學期。據耘農回憶，上海各大學如真茹的暨南，吳淞的中公、商船，江灣的復旦、持志、法學院、勞働，梵王渡的大夏，大西路的光華，南市的大同、東南醫學院，法租界的震旦，金神父路的法政學院，都有中青的同志。他每週必須輪番前往參加組會，因而熟悉全上海市郊道路，也結識了天南地北的若干熱血愛國青年朋友。

據耘農〈光華大學雜憶〉一文回憶，當時光華大學的校長是曾任江蘇省財政廳及財政部次長的張壽鏞，經常處理校務的是副校長容啟兆博士，文學院長是張東蓀，政治系主任羅隆基。名教授陣容有詩人徐志摩，新文學家胡適，詞曲家吳梅、盧前（冀野）、童伯璋，教育家蔣維喬、黃任之、江問漁，史學家呂思勉等人。

6　陳三井撰，「光華大學」，參閱《中國現代史辭典：史事部分（一）》（台北：近代中國出版社，1990），頁385。

　　光華大學有一特色，即大學一、二年級，必須修完基本國文及基本英文，共四學期，因此教過他國文的有盧前、錢基博（子泉，錢鍾書之父親）兩位先生；教過他英文的有林玉霖（林語堂之兄）和陳雲孫兩先生及張舜琴女士（華僑張永福之女，羅隆基首任夫人）。有關政治系的課程，教政治學的是張校長的公子張星聯及王造時（雄生）。王造時與羅隆基同是安徽安福人，又都是清華畢業留美。王先生身材不高，帶點微胖，面孔圓形，架黑邊眼鏡，上課時有位華姓助教跟著拿書包，講書條理分明，在黑板上開列許多原文參考書，一面拿著準備好的卡片，一面講解，很容易筆記。羅先生教大二的比較政府及政治思想史，十分叫座，並在《新月月刊》常發表批評黨國的文章，極受注目。某次，他在兼課的中國公學下課後，忽被治安人員逮捕，經訊問後旋又釋放。他返光華在大禮堂向全體同學說明經過，語極銳厲，鋒芒畢露，耘農曾在同一地點聽過楊銓（杏佛）的演講，覺得兩人同樣是口若懸河，批評中肯，但才高遭嫉，不合時宜是必然的。[7]

三、九一八事變：學生請願，再被開除

　　中國青年黨成立後，主張國家主義，提出「內除國賊，外抗強權」的口號，標榜反共反俄；另一方面不贊成孫中山的「聯俄容共」，又反對國民黨的「個人獨

7　沈雲龍，〈光華大學雜憶：兼以此文悼念王造時、潘光旦兩教授〉，《傳記文學》，39 卷 3 期（1981.09），頁 52-53。

裁」、「一黨專政」和「黨化教育」，因而處境困難，
不但早期不能公開活動，而且遭受兩黨夾擊。戴上「國
家主義派」帽子的耘農，無論求學、教書，或任公職，
自覺常會受到「另眼相看」或特別照顧。

　　九一八事變後，耘農已返校復學，並在光華大學的
《抗日特刊》發表兩篇文章。當此一舉世震驚的消息傳
開後，上海各報競出號外，市民奔走相告，尤其教育文
化界的青年學生，無不熱血沸騰，義憤填膺，於是立即
而有各大學「抗日救國聯合會」的組織，並決定於 9 月
25 日推派代表赴京向國民政府主席蔣中正先生請願，
要求幾項：

　　　須從嚴懲辦東北失職長官；
　　　從嚴懲辦失職外交官；
　　　不得秘密簽訂任何辱國條件；
　　　此次事件，不得由地方解決。

　　此一請願團之組成，計包括 23 校，有交大、同
濟、暨南、光華、中公、大夏、法政、東吳等校代表
50 餘人，於 26 日晨抵京，均臂纏黑布，上印「誓雪國
恥，共赴國難」字樣。蔣主席接見時，對要求各點，詳
為解答，表示絕對不會簽訂喪權辱國條約。繼而相繼
到京請願出兵的各校男女學生五、六千人，於 29 日抵
達。蔣主席於當日下午假中央軍校大禮堂接見，鄭重表
示以下幾點：

　　諸位忍饑耐寒，吹風淋雨，以愛國血誠來此請
　　願，足見中國人心不死，前途實有絕大希望。
　　國民政府決非北洋軍閥時代之賣國政府，乃是
　　目下唯一的革命政府，決不會簽訂任何辱國喪
　　權條約。
　　今日到京同志如願從軍報國，即可納入義勇軍
　　行列，住進明孝陵附近營房，接受軍事訓練；
　　如願回校求學，即於今晚離京回滬。

　　此次赴京請願活動，耘農因到閘北一帶，隨同學朱
有瓛、朱光熙等組隊作街頭演講，及募集捐款濟助黑龍
江抗日將軍馬占山的工作，而未參加。

　　其後，上海各大學抗日救國聯合會，鑒於國難日益
嚴重，日寇進逼有增無已，乃於 11 月 23 日集會決議組
織「上海各大學督促政府出兵團」，再度入京請願，要
求各校同學自動填具請願書參加，每校推舉一或二人，
組織代表團，以為領導機構，但不設團長，遇事洽商，
共負全責。耘農任光華大學代表，行前取得左舜生起草
印發之「毀黨救國」傳單萬餘份，交同志沿途分發。26
日，學生列隊前往國民政府請願，高呼「督促政府出
兵」、「懲辦張學良」、「退出國聯」、「促成統一政
府」、「打倒日本帝國主義」、「中華民國萬歲」等口
號。蔣主席於致訓詞時親下手諭，接受學生要求，並勉
學生安心求學，擁護政府，克盡國民天職。代表團學生
以請願結果圓滿，整隊退出國府。

　　翌年（民國 21 年〔1932〕）1 月，上海「一二八

事變」起，5 月 3 日於淞滬停戰協定簽字前夕，上海各救國團體因不滿我方首席代表郭泰祺交涉不力，推派代表耘農等人前往上海法租界郭宅質問，並將其毆傷，幾乎為法租界巡捕房拘押。至 12 月 2 日，乃中國青年黨建黨 10 週年紀念，上海市黨部為喚起人心，促醒舉國一致，兼避免租界當局注意，而於 3 日下午 3 時在南京路舉行示威遊行，沿途隨手散發傳單，並高呼口號，耘農亦參與示威行列，當天示威運動甚為成功，觀者如堵，馬路秩序大亂，交通阻斷甚久，始將群眾驅散。但有同志張希為、周謙冲、謝澄平等多人被捕。事後，耘農遭教育部長翁文灝開除學籍，由系主任王造時交下一張肄業證明書，而表示十分惋惜。這是繼南通之後，耘農第二度因參與學生運動被開除學籍，締造中學、大學均未能順利完成學業，畢生引以為憾之恨事。[8]

---

8 沈雲龍，〈「九一八」事變後的上海學生請願潮（附蔣公遺墨）：謹以此文悼念蔣公逝世兩週年〉，《傳記文學》，30 卷 4 期（1977.04），頁 55-62。

第三章　東渡日本留學

第一節　再度失學的掙扎

　　民國 21 年（1932）冬，耘農僅剩一年半被教育部下令開除，未能完成光華大學的學業後，並非立刻東渡到日本留學，其間還有長約兩年的教育掙扎期間，多少飽嚐了求學無門的徬徨和痛苦，在青年時代烙下難以彌補的遺憾！

　　面對接二連三的打擊，雖承王造時師的同情，取得一紙修業證明書，但在國內因有「前科」（指借用堂兄中學文憑投考光華大學遭人舉發一事），決無任何大學可以收容，使耘農一時走投無路，殆已陷入絕境。

　　不過，耘農素性倔強，大有古人所謂「能受天磨真鐵漢，不遭人忌是庸才」的挺勁，只要沉著勇敢挺下去，總有一線生機，猶如一株小草，縱被一塊大石頭壓住，仍得從旁邊空隙中生長出來。

　　有此信心，耘農在民國 22 年（1933）整整一年，仍然留在上海，負責中國青年黨蘇、滬省市黨部黨務，兼保管總部留滬文件，租居蒲石路蒲石里一間前樓，對外保密，無人知道其住處。每日必至威海衛路大陸書店和往來同志聯繫，暑假後，改在民光中學教書半年，即辭職返里。

　　次年（即民國 23 年〔1934〕），決心在家自修，

用功勤讀，確實涉獵不少有關政治、經濟、中外歷史書
籍，心如止水，不事旁鶩，耿耿於懷的只是沒有一張大
學文憑，無法對雙親交待。至於親族背後的訕笑，倒還
無所謂。

　　到了是年夏初，得陳啟天函告，謂已請在梁漱溟主
辦之山東鄒平鄉村建設研究院任教之楊效春先生協助，
代向該院報名投考，業已得覆辦妥，不妨前往一試。對
於失學的人，這是一個難得的機會，耘農即於端午節
後一日，由家啟程，先至無錫堂兄夔龍處小住數日，看
了幾本梁氏著作，並由堂兄商請省立教育學院院長高陽
（踐四）致函梁氏，鄭重推薦，才往南京取道津浦路至
濟南，再轉膠濟路至周村站下車，改乘人力車去鄒平。
先與楊效春、冷彭（後在台任立委）、錢煥文（後來台
任國代）諸友相晤，靜候考試。

　　屆期始知，先由梁漱溟親自個別口試，然後集體筆
試。不料「萬流景仰」而無一紙畢業文憑的梁漱溟院
長，卻十分重視大學文憑，而將耘農打了回票，讓他連
參加筆試的機會都沒有，只得頹然南返。經此番挫折，
又多一層人生體驗。

　　自鄒平之行鎩羽而歸後，耘農仍恢復讀書的自修生
活，直至是年冬，青年黨召開全國臨時代表大會，假上
海第二特區法院推事喬萬選先生寓所舉行，耘農以江蘇
代表出席。在會場上遇到駐日總支部代表謝澄平、李
黝（養式）兩人，他倆力勸耘農東渡讀書，完成未竟學
業，而且告知生活費低廉，所費無多，尤其中日間彼此
往來，俱無須護照，手續極為簡便。

　　耘農考慮後，覺得可行，遂約定俟回里過完農曆
年後，即民國 24 年（1935）春初，與李養式偕行。養
式係南通西亭人，畢業於甲種商業學校，曾就讀上海
知行學院，與其兄守初俱加入青年黨甚早。民國 19 年
（1930）2 月，因於南通城內散發青年黨傳單被捕，經
江蘇高等法院依「危害民國緊急治罪法」判處一年半有
期徒刑，羈禁於蘇州陸軍監獄。其間耘農曾前往探視，
民國 20 年（1931）1 月，他遇赦出獄至滬，耘農與之
巧遇於膠州路左舜生宅，遂贈彼路費返南通，略盡青年
黨人安危與共之同志情誼。

　　待耘農回家向父母稟明赴日志願後，二老卻甚為躊
躇，蓋此時家中經濟已捉襟見肘，入不敷出，勢難供給
所需費用，然又何嘗不希望獨子遠遊東瀛，使屢經挫折
之學業，得以完成，其心情極為矛盾，而遲疑難決。適
養式於元宵節後自南通來東台大豐鎮省親其從事墾殖事
業之胞兄，順至沈家，向耘農雙親竭力遊說。沈父卒為
所動，允取出田契一紙，向省農民銀行安豐辦事處抵押
貸款四百元，沈母亦傾其私蓄，助兒成行。乃與養式約
期於陽曆三月初在滬晤面，準備一切，這是耘農經過兩
年的鬱悶生活後，好不容易由窮途末路而峰迴路轉，又
呈現出一片光明遠景的轉機時刻。

　　耘農如期到滬與養式聚晤，於整理行裝赴日之前，
第一件要做的事，便是恢復使用原名。原來耘農家族從
堂、從兄弟輩一共七人，都是以「龍」字排行，其父為
之取名雲龍，字直青，隱含將來能夠「青雲直上」。但
上海名星象家袁樹珊則勸其改字直卿，或可有置身「公

卿」之望，耘農未接受。後來其人又說，耘農八字五行
中水少火多，名字有一段長時間遂用「澤清」兩字來代
替。第二件事，就是兌換日幣及決定船期。當時匯率是
法幣 1 元可換日幣 1 元 4 角，可以向中國銀行直接購買
匯票，並無限制。至於中日間的航運，有兩條日本船，
一名「長崎丸」，一名「上海丸」，每週定期輪流往返
於上海、長崎、神戶各一次。[1] 以上是耘農克服種種困
難，準備負笈日本，在東瀛騰飛的一段經過。

第二節　從明治大學到新聞學院

　　耘農留學日本先後兩年，從民國 24 年（1935）春
至民國 26 年（1937）4 月，他所撰的留學生活回憶，
主要有〈早年留學東瀛的經過〉（《傳記文學》，28
卷 3 期）、〈南通、上海、東京：追憶抗戰前陳啟天先
生二三事〉（《傳記文學》，47 卷 2 期），以及〈「留
東外史」又一章〉（《傳記文學》，45 卷 5 期），大
致足以建構他這兩年的所學、所思以及在日本的生活
體驗。

一、東瀛初航

　　民國 24 年（1935）初春，耘農與丁廷楯、陳榆

1　沈雲龍，〈早年留學東瀛的經過〉，《傳記文學》，28 卷 3
　　期（1976.03），頁 59-61。

生、王慶元等一行，某日上午自虹口匯山碼頭上船，入住三等艙，是一大統舖，約有三、四十疊蓆之大，每人打開自己舖蓋，坐臥其上，即開始嗅到日本人所特嗜的鹹魚和醃蘿蔔怪味，加上入夜後船行大海的搖盪不已，頭昏欲吐，胃納不佳，無法進膳，只好忍饑以待。

所幸經過一晝夜的航程，第二日上午即抵長崎，須停泊數小時，他們一夥人登岸覓一中華料理店飽餐一頓，並遊覽市街，初次領略異國風光。下午船繼續開航，經瀨戶內海，舟行甚穩，風景如畫，而於第三日上午抵達神戶。經海關檢查並辦妥入境登記後，即將行李運至三之宮火車站存放，並購好去東京的夜車票，又利用空閒時間吃飯、休息、逛街，到下午 5 時登車，車內甚整潔，座椅亦極舒適。深夜經過大阪、京都、名古屋等大站，均稍停，有以便當、水果及小瓦壺貯熱茶叫賣者，其聲淒越，擾人清夢。至翌日凌晨遂抵東京，依記憶所及，大約時為三月中旬左右。

二、東京下榻「在己方」

抵達東京後，養式和澄平在郊區樂中野附近，已租有一單獨庭院兼具小樓一角的「賃家」，分為樓上八蓆一間，樓下十二蓆及六蓆各一間，中間過道三蓆為餐室。走廊及廚房在外，並雇一姓山田的下女，從事灑掃洗濯燒煮等工作，歡迎耘農同住，三人共同分擔一切費用，如此甚為方便，作為新房客的耘農立即同意。惟日人一般家庭俱無浴室，無論男女老幼，每日均自攜肥皂毛巾至鄰近「錢湯」或「風呂屋」（俱為大眾浴池，收

費極廉）沐浴。入門脫衣，各置一籃，即行入浴，並無休息座位，男女浴池僅以木板間隔，門戶相通，聲息互聞，營此業之老闆高踞大門內入口處，分別向兩邊門進入之男女浴客收費，面向浴池，對袒褐裸裎的諸種狀態，均一覽無遺，然而其人竟如老僧入定，視若無睹，而且女浴池尚有男人為之擦背，男浴池則無有類似服務，此為耘農初到東京所看到日人的特殊風習，頗覺奇異，但久而安之，也就見怪不怪。後來有機會至熱海旅行，看到男女同浴，更是司空見慣，不足為奇了。

在寓所門前，掛著一塊長約 3 吋寬約吋許的小木牌，上寫「在己方」三個字，最初不知何意？經詢問同居好友，原來他們剛到東京時，看到每家門口都有一塊「××方」的木牌，因而也寫上這一塊，表示「反求諸己」的意思，後來才知道人家用以識別姓氏的，等於中國的「×寓」一樣，既然寫上了，只好將錯就錯，沒有改正。入鄉而未先問俗，算是製造了一個小笑話。好在日人不知究竟，還以為他們都姓「在己」呢！

耘農住「在己方」不久，陳啟天自國內來日養病，也與大家同住，他曾延請一位女教師來寓授日語，與他朝夕相見，共同起居、親聆教誨近四、五月之久，其後又有昔日南通中學老師吳建章及後來在台的陸雄鵬臨時暫住。不久，適夏濤聲自閩來日考察，為起居方便，也與他們同住一起。其時，青年黨同志在東京者約 30 餘人，住所分散，因「在己方」住房較寬，遂以之為聯絡中心及集會地點，但以平素來往客人甚眾，遂引起東京警視廳特高科的注意，不時有身著黑色衣帽的警探登門

拜訪，或趁他們外出時，突來向下女秘密盤詢，其對外
國人監視偵察之嚴密，可想而知。

三、明治大學攻讀

在住宿問題妥善解決後，耘農便在朋友的協助下，
著手進行大學註冊和日語補習兩項重要的事情。

按日本學制，一年分三個學期，第一學期從 4 月開
始，耘農恰於 3 月中旬趕到，正可辦理申請入學。當時
澄平在東京帝大研究歷史，養式在明治大學法律專攻科
研習商法，他建議耘農也入該校專攻刑法。原來這個專
攻科，乃特別為優待外國人而設，不一定要上課，只需
滿兩年，繳一篇研究論文，經指定教授審查通過，即可
授予學士學位及卒業文憑。耘農認為，這正符合他的需
要，也是他此來東京的目的。於是由肄業京都帝大的羅
慎獨及養式兩人陪同，前往明治大學辦好入學手續。

同時，又到神田日華學會附近的「近東東亞高等
預備學校」報名，開始補習日文日語。校長松本龜六
郎軀幹魁武，鬚眉皆白，操華語極純熟。其時雖在
「九一八」事變之後，但中國留日學生約近萬人（其中
來自所謂「滿洲國」者約佔三分之一），絕大多數俱先
進該校學習日本語文，然後再按志願分別就讀各大專院
校。東亞校址狹窄，為應實際需要，不得不日夜開班授
課，故門庭若市，學生川流不息。

留日學生一多，難免魚龍混雜，品類不齊。有的租
一「貸間」或「下宿屋」，約三疊蓆或四疊半蓆，僅堪
容膝，生活刻苦，努力勤讀；有的經濟寬裕，儘量揮

霍，終日消磨於撞球、麻雀、舞場、茶室、咖啡店者，
殊不在少，似平江不肖生所撰《留東外史》一類的醜
行，亦間有所聞。

耘農所帶的生活費，僅夠一年之用。為了節省開
支，一方面從「在己方」搬出，解僱下女，遷入較省錢
的公寓住宿，經常在中華料理店吃日幣二十錢的客飯。
另一方面，為了開源，全靠向國內雜誌投稿的稿費維持
第二年的開銷。除寫稿賺取稿費以維生活外，耘農亦同
時蒐集資料，撰寫論文，陸續翻成日文，並找人修改潤
飾，再提交明治大學，終於民國 26 年（1937）3 月底
審查通過，授以學士學位及畢業證書。

四、新聞學院兼修

耘農除在明治大學申請入學外，又得舊友尤西冷
（君浩）之介紹，至日本新聞學院上課。按新聞學院係
經文部省認可，由日本新聞協會主辦，附設於日本大
學，夜間上課，院長山根真治郎，顧問德富蘇峰，新聞
界耆宿緒方竹虎、伊藤正德、千葉龜雄等俱擔任講授。
該院創始於昭和 7 年（民國 21 年〔1932〕），停辦於
昭和 18 年（民國 32 年〔1943〕），中間於昭和 9 年
（民國 23 年〔1934〕）停頓了幾個月才續辦。

該院上課一年可卒業，耘農與方君浩算是第五期，
同班 25 人，除 7 名中國學生（包括戲劇家呂訴上）外，
都是日本各大報社從業人員來從事進修的。由於學校的
歷史短促，國內多不知其名，耘農亦甚少提及。總之，
耘農屢經挫折的學業，終於在日本旁行斜出，復又成長

茁壯起來，這也是人生的一大轉折。

　　耘農於明治大學和新聞學院雙修完成，乃於 4 月初束裝返國，自是先榮歸故里一行，將畢業文憑雙手呈給父母，雙親自然欣喜非凡，並陪侍兩老至杭州西湖遊覽，以暢胸懷。[2]

第三節　《留東外史》又一章

　　據耘農回憶，他在上海候船出國期間，曾逛書肆買了一部《留東外史》（向愷然化名「平江不肖生」所著），藉資旅途中消遣。早期的留日學生，無不知曉這部膾炙人口的小說。耘農認為，「這部描述清末留日先輩的生活動態和一些男女之間的戀情豔遇，使我初步了解異國風情，如此多采多姿，不禁悠然神往，儘管書中人物姓名都是假託或諧音，但稍加思索，便覺其人其事，呼之欲出，這更對夙具歷史僻的我，感到莫大的興趣。」[3]

　　筆者不是研究豔情小說的專家，限於篇幅亦無意對此書作過多的描述，以免失焦。如今不論《留東外史》或《留西外史》，已成海內外秘本、孤本和絕版本，搜求不易。幸筆者向有蒐集包括《圍城》（錢鍾書著）、

2　沈雲龍，〈早年留學東瀛的經過〉，頁 61-65。

3　沈雲龍，〈「留東外史」又一章：記革命先進俞應麓與日人安間勇的親子關係〉，《傳記文學》，45 卷 5 期（1984.11），頁 25。

《我們的家》、《塞納河畔》（以上為趙淑俠所著）等
留學生文學著作的僻好，書架上也有《留東外史》和
《留西外史》的複印精本。筆者擁有的《留東外史》，
係十集完整版，由湖南岳麓書社於 1988 年 7 月出版發
行，浩浩巨著逾千餘頁。茲摘錄其「出版說明」，以為
沈文的補充，並與無緣看到此奇書的讀者分享。

是書「出版說明」云：「《留東外史》是平江不肖
生（向愷然）的成名作，它是近代小說向現代小說發展
的轉折時期的產物。《留東外史》比較完整地顯示了平
江不肖生的創作傾向和創作風格，讀過他的《俠義英雄
傳》和《江南奇俠傳》的讀者，再讀《留東外史》，可
以發現他們在思想傾向和藝術風格上有很多相同之處，
如情節的安排、人物性格的展現、對現實的態度、對傳
統武術的看法等。因此，讀了《留東外史》，就更能全
面地認識這位通俗文學作家。」

「更為重要的是，《留東外史》從一個側面反映了
民國初年留學界、軍政界的一些情況。……筆者說，民
國初年在日大約還有四類人：第一種是公費或自費，在
這裡實心求學的；第二種是持著資本在這裡經商的；
第三種是使著國家公費，在這裡也不經商，也不求學，
專一講嫖經、談食譜的；第四種是二次革命失敗亡命來
的。《留東外史》主要以後二種人物為生活原型，揭露
和諷刺那些在動盪的時局下只顧玩樂、不圖進取，沉迷
於銅錢和女色的浪子闊少，也寫了一部分亡命客落拓風
塵、挑燈看劍的事蹟。……」

「屋中的主要人物黃文範，……他既是位好酒嗜

色，喜新厭舊的嫖場老手，又有著爽直、狹義、勇敢和愛國的一面。」

「《留東外史》也有它的缺陷。小說原是對現實生活的反映，……但筆者為了加強小說的真實感，在有些虛構的人物事件上卻加上了某些真實的姓名，表現了舊時代『報紙作家』的趣味，這是不可取的。……另外，筆者的筆墨難免沾染了一些黃色的東西（如嫖經、賭訣之類），這是需要批判地看待。」

「《留東外史》原有正續集，於民國初年由民權出版社分十集陸續出版。這次重印，將十集合併按原正續集分為上下冊，但仍於文末註明原為某集字樣。文字一仍原書，只改正了一些明顯的錯訛。」[4]

4　平江不肖生著，《留東外史》（長沙：岳麓書社，1988，重印本），「出版說明」，頁 1-2。

第四章　一位忠黨愛國的 中青黨員

第一節　為什麼選擇了青年黨？

　　人生在世，其命運的好壞或事業的興衰，大體與先世、父母、家庭、風水等先天條件，或多或少受若干影響；又與教育背景、職業類別、個人能力暨人際關係，加上黨派網絡等後天條件，更是息息相關。

　　耘農自初中開始便有機會接觸「國家主義派」，對其政治主張嚮往，對其創黨人的仰慕，後即熱心投入，成為核心分子，甚至因此遭學校開除學籍而無怨無悔，六十年來始終一貫為其黨奉獻犧牲並忠貞不二。即便東渡留學日本，但決不媚日，來台後所撰寫的反日抗日文章不絕如縷，益顯其不僅忠貞愛黨，甚且堅持愛國的青年知識人本色。

　　民國 41 年（1952）12 月耘農來台之初在黨營的《民主潮》刊物上曾發表了〈我為什麼選擇了青年黨？〉一篇大文，這是盤旋在他腦海中已久的政治主張基調。為什麼在國民黨執政的年代，為何在不少知識青年左傾，紛紛奔向延安接受洗禮的年代，耘農卻選擇了青年黨，願意為它工作、奉獻、甚至犧牲。

　　耘農在文中說出了自己的心聲，列舉出他選擇青年

黨的四大理由。

（一）因為青年黨缺少濃厚意味的教條

　　青年黨是個普通政黨，並不是個教會。國家主義只是作為大家共同信仰的一種精神上的契合，並不需要把它當做經典一樣的崇奉，因而也就沒有產生類似宗教的儀式或特定的戒律強迫所有同志去遵守。不僅如此，國家主義在解釋上沒有什麼糾纏不清，也從來沒有什麼「本體論」、「實踐論」、「矛盾論」、「革命性」、「進步性」之類的語彙來沖昏了你的腦筋，更用不著尋章摘句的去做八股式的注疏工作。

　　而且國家主義與共產主義是截然對立的、互相排拒的，硬是有你無我，有我無你的死對頭，決不能東拉西扯的找出兩者之間有什麼關聯性，你能說國家主義就是共產主義嗎？反過來說，青年黨有什麼呢？它有的是堅決反共的一貫主張，以及追求民主政治和為全民謀福利的真誠與信心；它極願與國內一切愛國民主政黨和平相處，公平競賽，從未想到以武力奪取政權，打江山，爭天下，而把黨派利益擺在國家利益之上。像這樣的政黨，除非是甘心賣國的共產黨和迷信極權獨裁政治的人，才會反對它、壓迫它，乃至排斥它、消滅它。

（二）由於青年黨的組織不夠嚴密

　　青年黨素來不以「鐵的紀律」或「鋼的紀律」相標榜，入黨脫黨均極其自由，來者固所歡迎，去者亦無約束。十年不見，決不問其是否「歸隊」，他自會取得聯

繫；中途分手，各行其是，只要「絕交不出惡言」，
也不會予以「開除黨籍處分」。因為人各有志，豈能相
強？試問一個政黨如果七拼八湊的集合一大群貌合神
離、口是心非的所謂「同志」在一起，怎得不亂糟糟的
鬧得天翻地覆黑漆一團！攘利則爭前恐後，赴難則你推
我諉，不是臨陣脫逃，即來一個陣前起義；當面唯唯
諾諾，背後噴有閒言，雖有最能講控制群眾的希（特
勒）、墨（索里尼）之流復生，亦莫之能為，那裡是口
口聲聲高喊嚴密組織所能濟事！青年黨因為組織不夠嚴
密，所以在以往黨禁森嚴時代，決沒有人用「自首」或
「告密」的方式，想以他人的鮮血來染紅自己的頂子；
也因其沒有什麼不可告人的秘密，即或有少數人想以
「滲透」或「偽裝」的方法，來破壞它、瓦解它，也不
過是如入寶山空手而回，決不會有什麼收穫。同樣的，
青年黨人也從不考慮用「滲透」或「偽裝」的方法，去
刺探旁的政黨的秘密，以達到搗亂的目的。「己所不
欲，勿施於人」，青年黨人是相當了解其意義，而且確
能充分做得到的。

（三）由於青年黨沒有絕對權威的領袖

　　青年黨本來就是一群志同道合的書生結合的社團，
無拳無勇，沒有自己的武裝力量，更無外援。他們有的
是捨身報國的赤誠，而不流於虛偽；他們有的是平實可
行的政綱政策，而不流於空想，負責領導的人，也都是
普普通通平平凡凡的「常人」，並不是「天縱英明」，
趨凡入聖的「偉人」。依照黨章規定，最高負責人以前

稱為委員長，現在稱為主席，凡是黨的決策，大家所贊
同的或是反對的，一致取決於多數，主席沒有絕對的權
力可以把它推翻。青年黨一向機構領導重於個人領導，
只要有「群龍」，不在乎有無「首」。正因為它沒有領
袖可以侍候，沒有地盤可以割據，沒有機會可以撈本，
沒有經費可以揩油，沒有實際權力可以發揮權勢欲，青
年黨所揹的包袱不重，所以比較輕鬆得多了。

（四）由於青年黨沒有以黨奴役人民的企圖

　　青年黨一向重視人格的自尊和人生的覺醒，它所篤
信的民主政治最起碼的條件，應該是「民之所好者好
之，民之所惡者惡之。」或「民可，使由之；不可，使
知之。」青年黨取得合法而公開的地位，已在抗戰之
後，它對實際政治的影響，雖沒有太多的貢獻，也沒有
造下為人民所不能寬恕的罪惡。相信對青年黨稍有認識
的人，一定有公平的判斷，對它為爭取民主政治艱苦奮
鬥的決心，也一定會寄予最大的同情。

　　以上四點，可能就是青年黨的最大缺點，也就是它
成立至今 29 年來在政治上沒有獲得成就的最大因素。
但耘農認為，可能就是因為這些缺點和因素，他才選擇
了青年黨。據耘農回憶，他加入青年黨屈指已將近26
年的歷史，約佔其現在年齡的五分之三強。青年黨在國
家多災多難、動盪不安的時代中成長，它所遭遇的，也
就與許多安定康樂的友邦中的政黨完全不同。耘農之所
以選擇了青年黨，等於選擇了自由。然而「吾愛吾黨，
吾尤愛國家。」耘農相信，只要中國不亡，真正的民主

政黨政治一定會實現，一定會發揚光大。[1]

　　耘農成長於民初動盪不安的年代，所見所聞偏又經歷一個軍閥割據、內憂外患的苦難世紀，個性倔強復喜好自由平等民主的生活，因性之所近選擇了青年黨，一生與青年黨的盛衰起落、共存共亡結下不可分割的關係。

　　筆者初治中青黨史，曾撰〈共識與歧見──論左舜生與蔣介石〉一文，結語有謂：

　　「曾（琦）、左（舜生）、李（璜）並稱『中青三傑』，雖性格各異，惟其共同特色則是善讀書，長於治學，精於理論，是皆能文之士，下筆萬言不能自已。他們崇尚民主政治，愛好自由；他們眼光遠大，品德高尚，意志堅強；雖然不能忘情於政治（如組黨、辦雜誌等），但並不熱衷於政治，大體內心恬淡，政治慾權勢慾並不強烈，而且認為立言比立功重要。平心而論，他們是熱心的愛國者、救國者，無時無刻不在為國家民族的生存而奮鬥，無時無刻不在為理想與信仰的實踐而努力，但徒有救國治國之抱負，成效卻不顯著。或謂，革命乃是英雄與流氓的事業，同質性高，被譏為『書生集團』的中青人士，在先天上便落入『宜於治國不宜於爭國，重理論而不顧現實』的困境！」[2] 特錄於此，

1　沈雲龍，〈我為什麼選擇了青年黨？〉，原載《民主潮》，3 卷 2 期（1952.12），後收入《耘農七十文存》（台北：汲古書屋，1979），頁 102-105。

2　陳三井，〈共識與歧見：論左舜生與蔣介石〉，收入拙著《八十文存：大時代中的史家與史學》（台北：秀威資訊科技，2017），頁 355-356。

以作為耘農上文的旁證，並向這些「諤諤之士」表示崇高敬意！

第二節　抗戰期間轉徙於大江南北

　　耘農從日本回國後，除先省親鄉里外，並應左舜生、李璜之囑，留滬與張希為、黃欣周任《國論》月刊編輯，負責寫稿、閱稿、編稿、校稿等工作。左舜生留耘農在滬理由為中、日關係已瀕決裂邊緣，東南遲早有事，何必遠走它處？7月，抗戰軍興；8月，上海「八一三事變」起。先是，青年黨領袖曾琦、李璜、左舜生等應邀參加「廬山談話會」。左舜生回滬後，策動組織「上海教育界抗敵後援會」，借允中女子中學為辦事處，耘農襄助從事宣傳、募捐、慰勞傷患等工作。8月底，左舜生入京，準備參與由各黨派成立之國防參議會，《國論》月刊遂告停刊。耘農改任大中中學（係李黝、謝澄平所接辦）教務主任。[3]

　　至10月1日，上海淪陷，耘農以家中連電催歸，遂辭去教職，乘輪離滬，取道南通返回安豐鎮。翌年（民國27年〔1938〕）2月，因應福建莆田縣長夏濤聲之邀，前往擔任軍法承審員，惟耘農父親認為閩省方言複雜，審案必須依賴翻譯，囑其多加考慮，適新任江

3　沈雲龍，〈驚聞勝利淚霑巾：謹以個人辛酸回憶紀念抗戰勝利三十週年〉，《傳記文學》，27卷2期（1975.08），頁5。

蘇靖江縣長戴天人亦以同樣職位相邀，耘農於是決定捨遠求近。上任後，借一小學為治事之所，改禮堂為審訊公堂，審理案件以吸毒販毒案居多。是年冬，奉中國青年黨中央黨部命，主持蘇北支部，即集合各縣同志，計劃組織一支地方武力，從事抗日保鄉游擊戰，惜因故一事無成。

民國 28 年（1939）1 月，應福建省主席（陳儀）辦公廳主任夏濤聲之邀入閩，抵臨時省會永安，任財政廳（廳長張果為）秘書，校訂秘書室主編之《五年來福建賦稅概況》。5 月，廳長張果為於奉派宣慰南洋華僑後，返回永安辦公。耘農除兼為其處理私人信件，草擬講詞與書面報告，代寫報章雜誌稿件、電台廣播詞外，公餘亦為《閩政》月刊撰稿，為成都《新中國日報》、香港《大眾日報》撰寫通訊。8 月，省政府局部改組，張果為改任省府委員及地政局長，耘農亦辭職，奉調省府參議，派在黎烈文主持之「改進出版社」工作。至 9 月，適省府顧問兼公務人員訓練所副所長沈仲九到省，邀往任教，仍以參議名義支薪，即離永安前往三元，任教公務人員訓練所，講授「國際現勢」課程。

沈雲龍，攝於民國 29 年（1940）。陳三井，〈沈雲龍研究近
代中國史的一些波瀾〉，頁 30。

　　民國 30 年（1941）春，耘農因母病函電促歸侍
疾，遂請假取道浙江經上海回鄉。此年 8 月，母親病
逝，營葬既畢，耘農以鄉間敵、偽、共軍縱橫，無法安
居，乃舉家遷往上海租界「孤島」，並電閩府辭參議
職，旋應光夏中學之邀，任教高中國文及政治、經濟學
選修課程，課餘點讀《左傳讀本》、《資治通鑑》、
《續資治通鑑》一遍，並摘要札記，後閱孟森（心
史）、柳詒徵（翼謀）有關明清史料考證述作，及徐凌
霄之《一士隨筆》，頗致嚮往；12 月，曾琦自香港返
回上海，匿居法租界，耘農時往請益，每週至少晤面

一、二次，「見畢長談，談必留餐」，對耘農之讀書寫
文和立身處世，常有許多寶貴的啟迪和指示，認為耘農
的文章，「簡潔有餘，偶而帶點辛辣，亦尚可取，惟雄
渾剛勁則不足，應多讀戰國策、左傳、孟子、王安石、
三蘇、東萊博議、飲冰室全集等書，以為入手之方！」
民國 33 年（1944）以「蘇之氓」之名，在上海《文友》
半月刊發表〈哀蘇北〉一文。

　　民國 34 年（1945）4 月，以美軍飛機不時飛滬上
空偵察，耘農從父命辭職舉家遷東台縣城居住，以策安
全；8 月日本投降，同月新四軍（代理軍長陳毅）攻佔
東台；9 月初，與東台縣商會會長侯相舟、中國國民黨
東台縣黨部常委張青泉、省立揚中教員侯湘石等赴揚
州，向業已反正之孫良誠（紹雲）及淮南行署主任陳泰
運等請援，並至南京晤中國陸軍總部（總司令何應欽）
副參謀長兼前進指揮所主任冷欣（容庵）、江蘇省政
府主席王懋功（東城）、江蘇省政務廳長王公璵（宗
璠），俱坦誠告知，暫時無法收復蘇北共軍佔領地區，
耘農只得悽然歸告逃難同鄉各自逃生，並與堂兄夔龍前
往蘇州、上海居住。

　　總之，在抗戰八年期間，與大多數中國人民一樣，
耘農過的是逃難復逃難（逃日軍、逃共軍），工作不穩
定，居無定所，在大江南北遷徙復遷徙，生命和財產兩
無保障，悽悽惶惶的日子。這是他們這一代苦難的中
國人的宿命，直到有機會來到台灣，才結束了那一段播
遷、逃難的歲月。

第三節　初次來台，親歷「二二八事變」

　　耘農與台灣特別有緣，大部分的中國人是在民國 38 年（1949）底，因大陸淪陷隨著政府播遷來台。根據林桶法《1949 大撤退》一書的研究，這次「大撤退」從大陸來台的平民大約 50 餘萬人。[4] 而耘農之初次來台，早在台灣光復之初的 11 月，屬於公務員被派來台接收或工筆者，其數量當然遠不及 1949 年的「大撤退」多。耘農有〈初到台灣——憶述四十年前一些往事〉一文，追述來台緣由和對台印象。

一、來台任職長官公署宣委會

　　耘農之所以在光復之初來到台灣，主要與青年黨的夏濤聲（旅美學者夏沛然父親）有密切關係。夏任職台灣省行政長官公署（長官陳儀）宣傳委員會主任委員，力邀耘農來台佐助。民國 34 年（1945）10 月10 日，夏濤聲和其他赴台接收人員一行先由重慶飛抵上海，當日晚即乘輪由美艦護送往台。耘農向長官公署駐滬辦事處登記後，即於 11 月 11 日自江灣機場搭乘美機來台。不料飛行一小時餘，中途忽又折回，下機一望仍是江灣，不免驚訝，經詢問始知機件失靈待修之故。次日晨 8 時

4　林桶法，《1949 大撤退》（台北：聯經出版公司，2009），
　　頁 332。

始再起飛，於 11 時左右到達松山機場，見機場草深沒
脛，停機坪及通道彈痕纍纍，一片荒涼景象，可以想見
太平洋戰爭期間盟軍轟炸的猛烈。

二、對台北初步印象

　　下機後，由於事前有聯繫，青年黨籍時任《台灣新
生報》社長的李萬居有車來接，登車後，在一條窄狹的
碎石馬路（今敦化北路）上緩慢行進，再又轉中正路
（今八德路）始漸漸進入市區。馬路兩旁都是綠油油的
稻田，散落在田隅有些紅磚紅瓦的低矮農舍，馬路上紮
了不少慶祝台灣光復的牌樓，一洗日寇侵華多年的屈
辱，讓耘農頻增無限光榮的感嘆！

　　車抵台灣行政長官公署（今之行政院）前，先往附
近新設之勵志社訪晤夏濤聲。他囑耘農稍事休息，即可
至宣傳委員會上班。旋尋覓臨時住處未果，李萬居仍用
原車送之上北投溫泉旅社暫寓一宵。在此，耘農初次領
略北投綺麗風光，喧嘩終夜，未能成眠。次晨，李萬居
再來，領其下山，進住明石町（今青島西路）宣委會宿
舍。不久，宣委會接收某處長官邸，耘農又與公署參議
張皋隨夏濤聲遷往幸町 150 番地（今泰安街）一幢比較
寬敞的大宅，因彼此都是單身而合住。至第二年眷屬陸
續來台，耘農再遷往東門町（今之連雲街）227 號一座
日僑遣歸後留下的住宅，至此住的問題才算安定下來。

　　耘農到台之初，距光復約半個月，其時台北市民多
半為逃避空襲而疏散鄉下，尚未遷回，商店貨品十架九
空，路上行人稀少，尤其原總督府（今之總統府）曾被

轟炸，僅剩殘垣，遍地瓦礫，情景蕭條。晚間漫步街頭，路燈以電力不足，只能摸黑而行，頗有陰森之感。午夜夢醒，忽傳來「賣肉粽」的叫聲，幽咽如訴，倍覺淒涼。這是耘農初到台灣永遠難以忘懷的印象。

三、在宣委會的工作

耘農來台第三天，即到宣委會上班，地點在天津街新聞局舊址左側樓上，職稱是宣委會委員兼主任秘書，其他擔任委員的尚有林炳坤、柳健行、蔡繼琨、樊紹賢等，分別主管政令宣導、電影戲劇、新聞廣播、圖書出版等業務，工作繁忙，苦於人手不足。

為了宣揚三民主義，使台灣同胞便於閱覽，除大量印發中文本外，並由公署參議邵冲霄將全書譯成日文，配合發行。宣委會還出版《台灣畫報》與《台灣月刊》，分別由柳健行和耘農主編。同時，台北市長游彌堅、博物館長陳兼善以及台大教授吳克剛等共同創辦《現代週刊》，亦邀請耘農參與並撰稿。此外，因業務關係，耘農與中央社台北分社特派員葉明勳、採訪主任張任飛，上海申、新兩報社駐台記者江慕雲、王康，台灣廣播電台林忠等人，時有接觸，相處融洽。

耘農在每日工作忙碌之餘，另抽暇編寫了一本《台灣指南》，這原來是同事吳君負責編寫的，但主任委員夏濤聲對其內容不甚滿意，故改交耘農重寫。耘農乃將先前從上海市立圖書館及合眾圖書館所抄錄有關台灣的史料，加以補充，恰好於民國 35 年（1946）9 月出版不久，趕上台灣光復周年紀念，國府主席蔣中正偕夫人

蒞台，陳儀長官至機場迎接，首先呈獻此書，以示宣委
會的工作成果。其後，宣委會撤銷，改為新聞室，耘農
任副主任。不久，公署改組，成立省政府，新聞處長由
林紫貴擔任，他將《台灣指南》重印，出版者改為新聞
處，編撰者卻略而不署，致使耘農為平生第一本寫作遭
人「盜印」而歎息不已！[5]

　　《台灣指南》的出版有其時代意義，亦為耘農無心
插柳的一大成果。筆者未曾覓得此書，卻在文化大學的
一次研討會上，有幸擔任倪仲俊教授論述沈著《台灣指
南》一文的評論人。倪文有關沈著的分析卓見，容於本
書第八章第一節再行討論。

四、親歷「二二八事變」

　　民國 36 年（1947），台灣發生一場震撼中外的
「二二八事變」，耘農當時任台灣行政長官公署宣傳委
員會委員兼主任秘書，適逢其會，親身目擊，曾困處辦
公室十晝夜之久，妻兒窩居東門町亦無法照顧，幸與四
鄰和睦相處，未受騷擾，亦無損失。待事變平定，以
「雅三」筆名，寫成〈二二八事變的透視〉一文，刊於
其主編之《台灣月刊》第 6 期（國家圖書館收藏有該刊
專輯一冊，可供參考）。耘農復撰遺稿〈陳儀其人與
二二八事變〉一文，刊於《傳記文學》54 卷 2 期，可
併讀。

5　沈雲龍遺作，〈初到台灣：憶述四十年前一些往事〉，《傳
　　記文學》，51 卷 6 期（1987.12），頁 65-67。

　　耘農〈陳儀其人與二二八事變〉一文，對陳儀和其公署團隊有簡略介紹。陳儀，字公洽，浙江紹興人，日本陸軍士官學校及陸軍大學畢業，於軍學、軍制富有研究。陳任閩省主席近十年，先後延攬陳體誠、徐學禹、張果為、包可永、嚴家淦為建設、財政廳長，而實際為之擘劃一切者，則為省府顧問沈仲九。沈似亦紹興人，與陳有戚誼，其思想接近無政府主義。

　　耘農對陳儀的功過有中肯的批評，於二二八事變的發生和責任歸屬亦有客觀的洞見。陳儀的成功，在愛國心切，勇於任事，敢作敢為；但求功之心過切，易為貪墨者流所利用；過於鄉愿者流的阿諛，則不免僨事。陳儀在台任職一年七個月，未能深入瞭解台灣民性民情，是其缺憾。又為了應付中央各方面來台接收問題，亦是一大困擾。再者，接收後不久，中央以戡亂剿匪甚急，曾電詢陳儀可否將駐台之第六十二軍、第七十軍調回大陸，陳以台省安毋須駐軍，電復同意北調。此即陳之自信力強，勇於專斷，而又估計錯誤的弱點。因此「二二八事變」發生時，僅有憲兵一營及公署衛隊一連可供指揮，全省兵力單薄，無法鎮壓，直至國軍整編第二十一師（師長劉雨卿）及憲兵兩營自閩移台，亂事始告弭平。再者，陳儀為表示施政寬仁，曾將日人囚禁火燒島（綠島）之地痞流氓，悉數釋回本島，並未為之妥籌生計，於是各地徒增一批遊手好閒惹事生非之徒；對日人遺留武器槍械彈藥，未能嚴格取締或清繳，遂致「二二八事變」時，成為暴徒與武器之來源，可見當政者顧慮未周，稍一不慎，即釀巨禍，及今思之，猶感痛

心！[6] 耘農此文，除親身經歷外，以史家眼光與筆法，
回憶陳儀其人與「二二八事變」發生之造因，彌足珍
貴，足為研究此一歷史事件者參考。

細數耘農生平，前後曾遭遇三件至驚至險之事，第
一件即民國 25 年（1936）留日時的日本「二、二六
政變」（在此不贅述），第二件是台灣的「二二八事
變」，第三件是民國 38 年（1949）的渝蓉大撤退（容
下章敘述）。本節專談「二二八事件」的遭遇。

2 月 28 日當天，耘農照常上班，中午依舊下班回
家用餐。不料飯畢，即接到宣委會主委夏濤聲電話告
知，謂新公園廣播電台已被暴徒佔領，利用廣播煽惑全
省民眾，旋即以汽車接耘農至公署商籌對策。實際上在
中午以後，暴徒們即在新公園集合，強迫沿途觀眾參
加，約達千餘人，以日本軍刀、木劍、鐵石、石塊為武
器，並擁有少數槍械，分乘卡車、自行車，以及步行群
眾，用鑼鼓前導，曾於二時許途經至公署廣場前請願，
與衛士發生衝突。經開槍制止，群眾始棄車四散奔逃，
經捕獲 6 人，傷斃各 1 人，衛士各有 1 名被擊傷。耘農
到公署時，秩序已恢復正常。暴徒們見計未得逞，遂轉
移目標，展開慘絕人寰之毆打外省人大暴動，不分男女
老幼及職業，凡是不會講閩南話，不會唱日本國歌者，
無不被毆，或傷或斃。台北市各旅舍中、公共汽車內以
及駛來台北之台北火車站上的外省人，受害最烈，傷亡

6　沈雲龍遺稿，〈陳儀其人與二二八事變〉，《傳記文學》，
　　54 卷 2 期（1989.02），頁 57-59。

亦多，且均不知被毆辱之原因何在。

　　耘農自是日進入公署後，即未回家，夜晚留宿在辦公桌上，僅於清晨與家中通電話，嚴囑家人切勿外出，並請台籍人力車車伕在家照應門戶，幸未受驚擾。直至3月8日，駐閩憲兵第四團調兵兩連來台，加強台北兵力，耘農始能離開公署回寓。是晚，暴徒們尚企圖襲擊長官公署、警務處、警備總部、台灣銀行等機關，一夜槍聲不絕，經守軍奮力抵禦將其擊退。次日，國軍整編第二十一師由基隆登陸，進駐各縣市，從事鎮壓，事變始漸告敉平。[7]

7　沈雲龍，〈平生歷險記〉，《傳記文學》，27 卷 4 期（1975.10），頁 66-67。

第五章　再度來台，
　　　　歸骨於田橫之島

第一節　陸沉之前的內渡紀行

一、供職上海區燃料管委會及上海交易所

　　「二二八事變」後，台灣省行政長官公署改為台灣省政府，魏道明（伯聰）奉派為首任台灣省主席。民國36年（1947）5月，耘農於交卸新聞室副主任後，改調為省政府參議，因老父不允迎養來台，遂辭職內渡，攜妻及兒女返滬，以房價太貴，覓住所不易，乃寄寓蘇州，並與自蘇北共區逃出之老父團聚。

　　未久，即奉經濟部陳啟天部長令，派為上海區燃料管理委員會主任秘書。此一機構創自宋子文任行政院院長時期，設在上海外灘字林西報大樓，其職責在管制開灤、華東、淮南及基隆四地產煤運銷，供應勝利復員後京滬地區各電力公司及工廠之需。惟因鐵路交通時被共軍破壞，多恃輪船載運。耘農供職時，單身在滬寓虹口公平路公家宿舍，每週六乘京滬路夜車回蘇寓小憩，週一早車由蘇返滬，率以為常。至是年冬，陳啟天部長曾兩次條諭，調耘農負責會內其他兩單位，均受到某些阻撓而未實現。耘農乃辭去主任秘書兼職，奉命於民國37年（1948）2月中旬，飛赴平津，視察開灤煤礦

業務。

民國 36 年（1947），沈雲龍任職經濟部上海區燃料管理委員
會主任秘書。王震邦，〈沈雲老為故人之子打了一通電話〉，
《傳記文學》，91 卷 4 期（2007.10），頁 70。

　　不久，行憲內閣成立，由總統提名翁文灝出任行政
院院長，青年黨仍推陳啟天、左舜生（農林部長）、林
可璣、劉靖遠四人參加入閣，惟陳啟天的經濟部改稱工
商部。陳部長以對耘農前兩次調職，命令未能貫徹，乃
於 7 月間薦升耘農為上海交易所監理員，由簡任五級跳
為簡任三級。

　　按上海交易所，實即證券交易所，係公司組織，
所址設於上海漢口路證券大樓，證券市場即在底層，
有 237 家領有合法執照之經紀人，從事經核准上市之證
券買賣。但大戶從中操縱，買空賣空，搶帽子，投機之
風，所在多有。而場外交易更發生流弊，形成金融恐
慌，影響物價波動。政府有鑒及此，特由財政部、工商

部各派監理員一人，常駐交易所，從事監督及取締非法
交易，重則移送法院究辦，輕則吊銷經紀人執照，責任
甚為繁重。

二、捲入「八、一九幣制改革漩渦」

　　耘農於是年 7 月 31 日到職。上任不到一個月，適
好遇上政府於 8 月 19 日施行「幣制改革」。緣其時法
幣泛濫，物價高漲，軍費支出浩繁，外匯存底有限，政
府不得不採行此項措施，及發行金圓券以收兌人民所持
有之黃金、白銀、銀幣及外國幣券，其間不幸發生「隱
名人士」，拋售「永紗」（永安紗廠）三千萬股票，獲
利四、五千億元之醜聞，一時喧騰各報，經監委調查，
原係財政部官員洩漏「幣改」消息，致主犯遭撤職。

　　耘農身為上海交易所監理員，在約三十年後曾於
《傳記文學》（31 卷 2 期）發表專文〈我捲入「八一
九」幣制改革的漩渦〉長稿，對本案的來龍去脈有詳
盡的回憶，請讀者參考。以下是他的部分追述。

　　9 月 17 日（星期五），耘農因事提前搭夜車回蘇
州。翌晨，帶兒女們往觀前街進早點，順便購閱報紙，
赫然看見上海《大公報》、《申報》頭條新聞，刊載唐
鴻烈、孫玉琳兩監委的調查陶啟明（財政部秘書）、徐
百濟（財政部主任秘書）案報告，並以頭號大字標題，
將耘農與王雲五、王鰲堂併列，提案糾舉，指王雲五應
負信用親近、疏於考察之咎，王鰲堂與耘農則為瀆職誤
公，謂兩位監理員，「職在監督檢查交易場所，有無非
法交易行為，事先既未盡其監督職責，事後經委員等責

成其嚴密檢查，又未據其將各違法交易之情事，切實查
復，實屬有虧職守」云云。

耘農閱報後覺得有點奇怪，陶、徐兩人於幣改前
夕，拋股牟利，行動秘密而又迅捷，監理員非神探福爾
摩斯，如何能事先監督？這兩位柏台御史在滬調查期
間，一樣毫無端倪，也從未駕臨監理員辦公室，其身材
高矮面貌舉止，迄無印象，從何而來對耘農有什麼口
頭或書面的「責成」？又如何可以「切實查復」？9 月
20 日，耘農仍照常去滬。次日看到《申報》刊載唐、
孫兩監委所提糾舉案，業經審查成立，並由負責審查之
陳訪先、張岫嵐、陳廷三位監委提出審查報告，要求將
王、沈兩位監理員，因有忝職守，「移送行政院，迅予
分別議處」。

接著，行政院果於 9 月 27 日訓令工商部，將此一
糾舉案涉及該部派駐上海交易所監理員沈雲龍失職情形
如何？應否交付懲戒？迅即查明，依法辦理具報。工商
部亦即「等因，奉此」的轉令耘農據實聲復。耘農認
為，原糾舉書將陶、徐兩人洩漏國家機密、拋股牟利的
行政責任，置諸不論，反而「城門失火，殃及池魚」，
指他與財政部監理員王鰲堂有忝職守，「如出一轍」，
未免武斷，有失公平，於是提出「節略」申復，以供部
方參考。惟最終仍未能「止血」，換來被「辭職照准」
的處分。[1] 後來，陳啟天部長改派耘農至上海中華菸草

---

1 沈雲龍，〈我捲入「八一九」幣制改革的漩渦〉，《傳記
文學》，31 卷 2 期（1977.08），頁 81-89。

公司擔任廠務處長，以平息監委們的窮追不捨，緊迫盯人。總之，在耘農厄運不斷的一生，復增添一樁憾事。

三、競選國大代表與選舉總統、副總統

我國憲政體制的回顧，可以遠溯自清光緒 32 年（1906）下詔預備立憲起。民國初建，一切草創，獨立各省各自為政，既缺乏統一規章，又無中樞領導機構，於是乃由各省都督指派分赴漢口、上海聚議，經制訂「臨時政府組織大綱」，成立臨時政府於南京，並選舉甫自海外歸來之孫中山為臨時大總統。民國 15 年（1926）7 月，國民革命軍總司令蔣中正誓師北伐，推倒北洋軍系，統一全國，中國國民黨依孫中山的規劃，採行「軍政」、「訓政」、「憲政」三個時期施政。訓政時期原定 6 年，即自民國 18 年（1929）起至 24 年（1935）結束，本可循序而行，躋於建設成功之境。無奈內亂外患接踵而起，接著抗戰 8 年，中央疲於應付，雖歷經國難會議，國民參政會之召開，而有「五五憲草」之初定，然距憲政之實施，五權之行使仍有距離。

及民國 34 年（1945）8 月，日本投降，在各方面要求實施憲政的推動下，終於在 35 年 1 月 10 日於重慶召開政治協商會議，通過「政協憲草」，並於同年 11月 15 日在南京召開的制憲國大三讀通過，再由國民政府於 36 年元旦正式公布，決定於同年 12 月 25 日開始實施，此即「中華民國憲法」之由來。[2]

2　沈雲龍，〈我國憲政體制的回顧：先總統蔣公百齡誕辰紀

　　民國 36 年（1947）6 月，政府以「訓政」結束在
即，乃成立選舉總事務所，辦理國大代表暨立法委員選
舉，至監察委員則由各省市參議會選舉。同年 11 月，
中國青年黨提名國大代表候選人 450 名，立法委員候選
人 81 名。選舉結果，該黨國大代表當選者 230 餘名，
立法委員當選者 16 名，監察委員則蘇、魯、川、康、
贛、湘、閩、鄂、滇、晉、遼等省各產生 1 名，共
11 名。[3]

　　耘農身為中國青年黨忠貞黨員，自學生時期即參與
政治活動，與青年黨的理念契合，有鑑於從民初到 35
年這一段悠長的歲月，國家苦於連年戰禍，始終沒有走
上民主憲政的大道，全國人民為了爭取一部根本大法所
耗費的金錢和性命，實在難以用數字計算。因此，耘農
以江蘇省東台縣區域代表名義獲黨提名參選。至於，為
何參選國大代表？據有同堂、同事之誼的馬聯芳認為，
國大代表的身分比較自由，可以擔任公職，亦可以私營
事業，甚至隨自己的興趣，研究近代史。[4]

　　政黨提名後，耘農利用內渡在上海供職期間，有機
會便返東台縣競選，以他的知名度，加上人際網絡以及
與上層核心前輩之間的良好關係，當選自無問題，而且
是高票當選。民國 37 年（1948）3 月 29 日，行憲第一

念〉，《傳記文學》，49 卷 4 期（1986.10），頁 10-15。

3　中華民國年鑑社編，《中華民國年鑑》，民國 51 年，第十
　　章中國青年黨，頁 87。

4　馬聯芳，〈沈雲龍兄逝世週年紀念〉，《沈雲龍先生紀念
　　集》，頁 296。

屆國民大會在南京開幕，青年黨當選的 230 餘名國大代表全部出席。本次大會最重要的任務是選舉總統、副總統，4 月 19 日先舉行總統選舉，出席代表 2,734 人，蔣中正先生以 2,430 票順利當選總統。副總統候選人有孫科、李宗仁、程潛、于右任、莫德惠、徐傅霖等 6 位，經過數輪投票，李宗仁獲得 1,438 票小勝孫科當選副總統。據白崇禧分析，李宗仁的成功有四個基本條件，此即：

（1）以廣西建設的聲譽；

（2）北伐時第七軍的聲譽；

（3）抗戰時主持第五戰區軍事的功勳；

（4）待人接物的態度。

　　另外，李宗仁的票源甚多，除廣西全體外，亦獲得西北、東北、華北和民、青兩黨的支持，同情票很多。[5] 此次民選總統、副總統，加深了蔣、李之間的矛盾與分裂，於大局並無助益，甚而導致大陸失守，此是後話。

　　惟一貫熱衷民主憲政，身為新科國大代表的耘農，卻認為憲政應該繼續向前走，不能後退或再徬徨於歧路。基於此，他以為大陸失敗的癥結所在，另有其相當複雜的因素，與行憲無關。他樂觀的總結，行憲有下列幾項重大收穫：

5　陳三井等人訪問兼紀錄，《白崇禧先生訪問紀錄》（台北：中央研究院近代史研究所，1984），下冊，頁 858。

（1）暴露中共的本來面目；

（2）促成中國國民黨的改造；

（3）鞏固在聯合國的合法地位。[6]

三、民國 38 年的渝蓉大撤退

　　民國 38 年（1949）2 月，在國民大會開議，選舉
完總統、副總統之後，先是耘農舉家由滬遷台，閒居
約 4 個月，始於 6 月由台飛廣州。時中樞已南遷，曾發
表耘農為總統府參議，月領港幣 83 元，尚不敷個人生
活，遑論搬家，乃於 9 月搭輪返台；後經李璜推薦在
經濟部供職，本決定雙十節啟程，而廣州已於 11 日撤
守，中樞再遷重慶，遂改於 10 月 26 日搭機飛渝，向經
濟部報到，即派為簡任視察，後以視察無缺，改為秘
書，惜派令遲遲未下，只好等候，十日後派令始下。

　　在耘農向經濟部報到之次日，即發生香港中航、央
航公司有飛機 12 架飛往投共，並載去甚多零件，致其
餘 60 多架飛機亦無法起飛。這個消息頓使渝市人心浮
動，益以川東南戰事均告緊急，更為惶惶不安，然經濟
部工作仍如常。以後大局形勢日非，戰火日益迫近，不
得不搭車經數日之跋涉到成都，而在此時重慶已告淪
陷。在成都行色匆匆僅停留三日，又即飛往海口。到海
口後，已屬安全地帶。估計從成都撤退之各機關人員，
飛機載運，日必數起，亦有逕飛至海南島南端三亞機場

6　沈雲龍，〈行憲的最大收穫〉，輯入《耘農七十文存》，
　　頁 92-100。

者，總計不下一、二千人，其間僅 10 日有飛機一架，
自蓉載運中央社、中央銀行員工眷屬到海口，降落時因
汽油耗盡，失事墜毀，死傷甚眾。

　　耘農在海口停留凡 11 日之久，閱報知內江、簡陽
已先後失守，成都外圍激戰。其後，透過關係向空軍方
面求援，多方設法，始獲得機位，如願脫險飛抵松山
機場，返抵家門，老父及妻兒女無不驚喜交集，不啻
重生。這是耘農在陸沉前（10 月 26 日）飛重慶，轉成
都，經海口，脫險歸來的一段歷險記，他認為較之先前
的「二、二六」、「二、二八」兩次事變，尤有過之。[7]
幸吉人天相，大難不死，卒能終老台灣，在台灣重新開
創另一段更為充實的人生。

第二節　供職經濟部

　　耘農兩次來台，第一次是追隨台灣省行政長官公署
來台接收，擔任宣傳委員會委員兼主任秘書，已見前
述。第二次於民國 38 年（1949）11 月，在兵荒馬亂中
進入大陸時期的經濟部擔任秘書，然後隨著大批中央行
政人員撤退來台。到了台灣，他仍在經濟部上班，過著
「三混主義」（混鈔票、混時間、混退休）和「等因奉
此」的刻板公務員生活。耘農的個性與公務員生活不
合，尤其深感在經濟部的工作不能發揮所長，遂於民國

7　沈雲龍，〈生平歷險記〉，頁 61-71。

45 年（1956）毅然辭去公職，僅保留國民大會代表的
身分。

　　耘農為何要辭掉公職？知他甚深，同在經濟部工作
的馬聯芳（農林署主任秘書）有很深入的分析：

　　「雲龍兄的個性和他所寫的文章，均表現有同一的
特質，就是卓立不群，不為世俗所左右，眾人所推崇的
人物，眾議所賞識的言論，他不一定贊同；相反的，
對世論不太認可的人物和言論，他有時會有翻案的意
見。黨外不談，即使是黨內的前輩，他也不是個個欽
佩。他自己說他個性『倔強』，我則認為他有時是擇
善固執，但並不一味倔強。不過，在經濟部那個複雜
的大社會裡，多少總有些扞格不合適的地方。何況他
在經濟部公餘之暇，又喜歡寫寫文章，批評時政，月旦
人物，乃至高階層的言行，他興之所至也不惜數說一、
二。他曾告訴我，有人警告過他，也曾有威脅利誘的事
情發生。」[8]

　　可見在當年那個言論並不算自由的時代，耘農經常
為《公論報》或《民主潮》撰寫時評，「敢言」又敢
論，是會受到當局注意的。記得，筆者在初入近史所，
追隨耘農做口述訪問工作時，業師郭廷以亦曾表示類似
的看法。耘農後來撰《黎元洪評傳》，對革命史、黨史
有不同的論評，亦有人投書舉發。這事亦由郭師從旁隨
機解釋疏通，幸未釀成文字大禍。

8　馬聯芳，〈沈雲龍兄逝世週年紀念〉，《沈雲龍先生紀念
　　集》，頁 295。

　　耘農政治系出身，到日本明治大學攻讀的是刑法，供職經濟部擔任的是秘書的工作，並非主管可以展現抱負理想的職務，多少不無懷才不遇的挫折感。他在經濟部任職前後大約七、八年，對經濟部的生態深有瞭解，也常成為他撰文批評的對象。下舉數例，稍作說明。

（一）經濟部歷任部長的作為

　　耘農首先認為，經濟部遷台 11 年以後，業已七易其長，從劉航琛、嚴家淦、鄭道儒、張茲闓、尹仲容、江杓，到現在的楊繼曾，為中央各部會中首長更動最頻繁的一部，由於該部人事和辦公地址之不斷更易，對於自由中國經濟之不容易獲得安定，不能說毫無影響。

　　以上諸氏容或均為國家幹才，其中且仍有為當今政壇紅人者，但總覺得學非所用，用非其長，真正了然國家全盤經濟之興革，因而釐訂政策，復具有魄力以推行之，而不致流於官僚形式化者，實罕其人。今天無人能具體指出，自由中國之明確而又一貫的經濟政策為何？甚或言人人殊，要非無因。[9]

　　耘農另文，則對江杓頗有好評。認為江杓「操守廉潔，持躬清慎，在今日部長級階層中，尚不多覯。惟以其爽朗明快負責之作風，適與當前抱敷衍苟且之政風不合。有時或拙於言詞，不善逞其便佞之辯，到周旋議壇之際，往往窮於應付，為人所不滿。」然兩年多以來，

9　沈雲龍，〈經濟部遷回台北辦公〉，參閱《耘農七十文存》，頁 572-573。

江杓對於內部事務之興革，及行政效率之提高，確有其
斐然可觀之成績。舉其最著者而言，如每日必按時親自
簽到，以資同仁表率；如建立公文稽催制度，使之毫無
積壓；如安定同仁生活，使之黽勉從公；如不任用私
人，而由部內原有人員按資遞升，以穩定人事制度；
如撙節辦公費，不但從未追加，且有積餘；此皆為其
他各部所僅見，亦為歷任部長所難能者。要之，在耘
農眼裡，江杓有快幹實幹之精神，卻為有職無權之實
際環境所限，致未克展其材猷，遂走上倦勤之路，至為
可惜。[10]

（二）經濟部疊床架屋，權責不明

　　經濟部乃我國最高經濟行政機構，其職掌為管理全
國經濟行政、經濟建設事務，舉凡有關工業、商業、礦
業、農林、水利、國營事業之管理，均屬其主管範圍，
亦即其法定權責之所在。然就耘農多年實際觀察，則權
責割裂殊甚。如有關農林、水利、漁牧生產計畫之設計
審議，則屬之於經濟安定委員會；有關工礦建設計畫之
設計審議，則屬之工業委員會；又如有關國內商業及國
外貿易之獎勵、保護監督及推廣，輸出入之管理、物價
之控制、物資之調節，外匯問題之聯繫，原應屬之經濟
部商業司者，今則多半為財政部及外貿審議委員會所越
俎代庖。中央部會之間，如此疊床架屋，權責不分，浸

---

10 沈雲龍，〈惜別經濟部長江杓先生〉，參閱《耘農七十文
　　存》，頁 277-278。

假而使經濟部形成有名無實之機構。同時，更由於政策
上，究竟是財政重於經濟，抑或是經濟重於財政，一直
沒有搞清楚。因此，若經濟部做得好，是別人的事，做
得不好，挨罵是有份的。即如殷台公司造船案，江杓曾
因此受到彈劾，然而真正知道內幕的人，本案之來龍
去脈，實另其應負極大責任之人，江杓僅是代人受過
而已。[11]

（三）經濟部辦公室一遷再遷

　　據耘農的憶述，經濟部不但在遷台 11 年以後，七
易部長，而且搬遷辦公室達六、七次之多。自民國 38
年（1949）冬經濟部隨同中樞播遷來台後，其辦公地點
亦數易其址。最初落腳侷促於台北市漢中街，繼而奉令
疏遷木柵埤腹路，不久再由木柵遷回台北中正路。民
國 44 年（1955），復由中正路遷至福州街新建大廈，
而將主要業務單位之農、工、商、鑛、水利各公司再度
遷至木柵。旋以種種不便，又全部遷回福州街，直至兩
年前復以奉令疏遷關係，再全部遷至木柵，而將福州街
大廈出租於該部一附屬機構。其後各單位又全部搬回福
州街。在十一年多之間，該部搬遷達六、七次之多，所
耗搬遷費用當甚可觀。而該部官員每日上下班以及出席
開會接洽公務等，經常往返台北、木柵之間，時間浪
費，公文積壓更不待言。尤其與人民權利義務有關之
各項業務，則時而台北，時而木柵，殊令人有疲於奔命

---

11 沈雲龍，〈惜別經濟部長江杓先生〉，頁 277。

之感。[12]

第三節　撰寫時評與人物傳記

一、時評的撰寫

　　耘農青年時代，即對文史有濃厚之興趣，且博聞強記，尤勤於寫作，早期為報章雜誌寫通訊專欄，繼而喜對時事問題與學術專題深思探索，蒐集資料，發之為專文專論。民國 38 年（1949）冬來台之後，任職經濟部，公餘先為《民主潮》等雜誌撰稿，評論時政得失；再於民國 45 年（1956）辭去公職後，為《公論報》撰寫社論，既敢言又敢論，在文化界、新聞界已嶄露頭角。這些專文已由「汲古書屋」於民國 68 年（1979）集編成冊，題為《耘農七十文存》（一名敝帚集），以祝賀耘農七秩華誕。

　　據耘農的「編後記」所述，《文存》一書所收文字大致分為四類：

　　第一類為「政論書評」，選輯包括從民國 34 年（1945）至 68 年（1979）之間，為上海《中華時報》、《風雲》半月刊，台北《現代周刊》、《台灣新生報》、《民主潮》、《公論報》、《徵信新聞》、《現代國家》、《中國時報》、《聯合報》、《中華雜誌》，以及香港

---

12 沈雲龍，〈經濟部遷回台北辦公〉，參閱《耘農七十文存》，頁 572。

《自由人》、《新聞天地》等所寫的一些政治性論評，按年編次，共 240 餘篇，大半未署名或用筆名，其中以業已停刊的《公論報》寫得最多。

耘農羈棲海島，憂國心切，嘗以嚴復（又陵）所言：「為治之事，弊常伏於久安之中；謀國之難，患常起於所防之外」為圭臬，因而對反共團結、維護憲政、言論自由、地方選舉、外交因應、世局政風、社會病態及學術界醜事，抒發苦口婆心或逆耳之言。

第二類為「序錄推介」，從民國 47 年（1958）至 67 年（1978）之間，為耘農自己的幾本小書和友好、學棣們的大著所寫的序言和推介，計共 13 篇。耘農自言，字字從肺腑中流露，不誇飾，不溢美，保持個人見解，言之有物。耘農為筆者所撰之〈《法國漫談》序〉，亦收入其中，至感榮幸！

第三類為「卅前謄稿」，係耘農 30 歲前在日本讀書時所寫的舊文。耘農自述，其正式開始寫作，是在民國 24 年（1935）夏至 26 年（1937）春旅居東京期間，根據當時日文資料，以分析國際時勢及報導中日關係為主，向國內上海《國論月刊》、南京《日本評論》、武昌《維理月刊》投稿，每月所得稿費約法幣 30 元至 40 元，以此支付東京每月生活費。回國以後，於民國 28 年（1939）服務福建省政府，以待遇菲薄，公餘曾為《閩政月刊》寫稿，並為成都《新中國日報》、香港《大眾日報》撰通訊，以稿費收入貼補家用。惜因戰亂流徙，所以雜誌及剪貼均已佚失無存，僅補搜 4 篇，聊誌生活之回憶。

第四類為「附錄」，乃抗戰時期耘農蟄居上海時所寫，僅收兩篇，其一是耘農父親六秩壽詩合刊的跋，其二是描敘其家鄉蘇北淪陷區人民備受日寇、共軍、偽軍交相蹂躪的實錄〈哀蘇北〉，足供史家參證。[13]

二、人物傳記之撰寫

除撰寫時評外，自民國 47 年（1958）起，耘農亦開始撰寫並出版人物傳記，由香港自由出版社印行《現代政治人物述評》，其後進行史料考釋，筆耕更勤。民國 51 年（1962）6 月《傳記文學》創刊，耘農更集中精力，每月撰稿一至兩篇，與吳相湘、唐德剛成為該刊三大台柱作家之一。其所發表的單篇人物論文，先後收入《民國史事與人物論叢》與《民國史事與人物論叢續集》（均由傳記文學出版社印行）兩書。前書選輯耘農在該刊「每月人物專題座談會」發言紀錄及專文 30 篇，作為民國成立七十周年紀念。耘農坦言，「以當代人而言當代史，泰半有所顧忌，或明知有所諱飾，不願說破，而且可能為當道所不喜，或唐突時賢，在所難免。」但耘農強調，這是「為歷史求真求信起見」，讓年輕的一代明瞭，「國家之所以侷處海隅，大陸人民之遭遇亙古未有奇禍，其由來實有自。」[14]

民國 76 年（1987）10 月 11 日，耘農以積勞心臟病發猝逝。一年之後，《傳記文學》社特將其在該刊所

---

13 〈編後記〉，參閱《耘農七十文存》，頁 820-821。

14 〈自序〉，參見沈雲龍著，《民國史事與人物論叢》（台北：傳記文學出版社，1981）。

發表文字而未輯結成書者，分類選編為《民國史事與
人物論叢續集》出版，以資永久紀念。是書包括論文
65 篇，計分「民國史論」、「時事述感」、「人物論
評」、「往事回憶」、「傳記文學」、「紀念文集」（附
錄）6 類，都 6 百餘頁，約 60 萬餘言。至是合前述《文
存》與《論叢》兩書，耘農所撰單篇論文，大致已粲然
大備，允為研究耘農一生經歷和史學論述之重要參考。

　　耘農為一代史學大家，興趣甚廣，治史範圍寬宏，
自清季、民初、北伐、抗戰以至當代，莫不涉獵；舉凡
政治史、外交史、制度使、人物傳記、中共問題，乃至
台灣史，無不用心探究。三十多年來，勤耕不輟，成績
斐然可見，不僅著作等身，且自成一家之言。

　　除上述《文存》與《論叢》外，耘農主要著作尚有
下列十四種，茲依出版先後縷列如下：

1. 《中國共產黨之來源》，台北：民主潮社，1959；
　　中國青年黨黨史委員會，1987，增訂本。

2. 《現代政治人物述評》，香港：自由出版社，1959；
　　台北：文海出版社，1966。

3. 《黎元洪評傳》，南港：中央研究院近代史研究
　　所，1963，初版，2005 年，一版二刷。

4. 《台灣開拓史》，台北：國防部總政治部，1966。

5. 《中國近代史大綱》，台北：世界新聞專科學校、
　　文海出版社，1968。

6. 《近代外交人物論評》，台北：傳記文學，1968。

7. 《康有為評傳》，台北：傳記文學，1969。

8. 《近代史料考釋》，第一集，台北：傳記文學，
   1969。

9. 《近代史料考釋》，第二集，台北：傳記文學，
   1969。

10. 《近代史料考釋》，第三集，台北：傳記文學，
    1970。

11. 《尹仲容先生年譜初稿》，台北：傳記文學，
    1972。

12. 《黃膺白先生年譜長編》，上下二冊，台北：聯經
    出版，1976。

13. 《近代史事與人物》，台北：文海出版社，1978。

14. 《徐世昌評傳》，台北：傳記文學，1979。

第六章　沈雲龍的黨政網絡

　　網絡（network）的定義如何？有多少種類？如何形成？怎樣發揮作用？筆者孤陋寡聞，對此一學術用語並不深究。史學界似乎對此一舶來術語較少討論介紹，暫以呂芳上教授的說法，稍加說明，並藉以展開本書後幾章的敘述。

　　呂芳上在《蔣介石的親情、愛情與友情》一書的「導言」中指出，「人際網絡」大抵指的是人際關係，通俗來說便是圈子，每個人有每個人的圈子，諸如親戚圈、朋友圈、同事圈、同鄉圈、同學圈等；再往外伸展的話，就是政治圈、學術圈等等，圈子愈多，表示人際關係愈好，仕途官運也就愈亨通。圈子範圍較窄較小，則反是。再向上延伸可能就是派系或××幫，那作用可能就大了。[1] 一個人的圈子越多，代表人際網絡越發達，而於一生事業的開展當更是無往而不利。本書特闢兩章，專談耘農的黨政網絡、學術網絡，看來是必要而合適之舉。

1　呂芳上策劃、導讀，《蔣介石的親情、愛情與友情》（台北：時報文化，2011），「導言：一個『繼承創業者』初期人際網絡的建立」，頁 8-9。

第一節　青年黨本身的網絡

　　在孫中山逝世前，歐洲先後出現了由國人所組織創
設的四個不同的政黨，分別是「中國共產黨旅歐支部」
（民國 11 年〔1922〕冬）、「中國國民黨里昂支部」
（民國 12 年〔1923〕11 月）、「中國青年黨」（民國
12 年〔1923〕冬）、「中國社會民主黨」（民國 13 年
〔1924〕6 月）。本節專談中國青年黨的誕生。

　　民國 12 年〔1923〕12 月 2 日，曾琦、李璜、何魯
之、周太玄、張子柱、胡國偉等人，於法國巴黎近郊之
玫瑰城（Fontenay-aux-Roses）共和廣場共和餐廳成立中
國青年黨，其宗旨為「本國家主義之精神，採全民革命
的手段，以外抗強權，力爭中華民國之獨立自由；內除
國賊，建設全民福利的國家」。青年黨的前身，最早可
以追溯到五四時代的「少年中國學會」之國家主義派。

　　中國青年黨創黨之初，以《先聲週報》（民國 11
年〔1922〕12 月創刊）為喉舌，標榜反共、反蘇的口
號，早就與中共旅歐組織的機關刊物——《少年》、
《赤光》展開論戰，先由思想上的短兵相接，逐漸引發
行動上的衝突，最後甚至演成流血鬥爭。[2]

　　耘農其生也晚，較青年黨幾位創黨先驅均年輕十餘
歲，亦未到過法國親歷躬逢其盛，僅能算是中青的第二
代精英、後起之秀。民國 13 年〔1924〕9 月，曾琦、

2　陳三井，《旅歐教育運動：民初融合世界學術的理想》（台
　　北：秀威資訊科技，2013），頁 191。

李璜等主要幹部自法返國，以求在國內發展黨務，並在上海創刊《醒獅週報》，廣為宣傳，這才創造了耘農與國家主義派接觸、入黨與結緣的機會，前述第二章第二節，耘農在南通七中就讀時，便聽過曾琦、陳啟天兩人的演講，與國家主義派親近，開啟了往後大半生與青年黨本身與個人之間，不可分割的與黨以及重要領導人之間的網絡。

本節專談耘農與青年黨的黨政網絡，茲分述如下。

一、與青年黨的關係：國事

一部中國青年黨的歷史，大抵而言，也是一部與中華民國史以及中國國民黨黨史共興共榮、榮辱與共的歷史。簡約來說，可分三個時期：

（一）貌離神離時期

中國青年黨創立於民國 12 年（1923）冬，初期一面高舉反蘇反共，一面反對孫中山的「聯俄容共」政策以及執政國民黨的「一黨專政」、「個人獨裁」和「黨化教育」，因此處境困難，不但不能公開活動，而且遭到國共雙夾擊，這時中青與國民黨的關係，可謂處於「貌離神離」的關係。國事影響黨事，黨事復影響家事，身為一位智識分子的耘農，在國事、黨事亂如蔴的時代，當然影響求學與家庭生活。

（二）貌合神合時期

從「九一八」到「七七抗戰」以至勝利後的行憲，

中青改採與執政的國民黨合作的政策，支持抗戰，共同
制憲、行憲，參加政府，協助剿共、戡亂，乃至大陸撤
守，始終擁護反共抗俄國策，這是兩黨貌合神合時期。
在這段時期，尤其 1950 年代，兩黨密切合作，青年黨
籍的國大代表義無反顧，均支持蔣中正先生當選並連任
總統。

（三）貌合神離時期

　　至民國 49 年（1960）5 月，蔣中正的第二任總統
期滿，蔣是否連任第三屆總統問題，國內是贊成者眾，
反對者寡。在國外，特別是港澳地區，以左舜生等青年
黨人為主所創辦的《自由人》與《聯合評論》兩種刊
物，則堅決反對蔣毀憲競選第三任總統，也切盼國民黨
當權派能夠懸崖勒馬，更深望各位國大代表能夠自愛自
重，不要做毀憲禍國的歷史罪人。這種論調當然不為
執政者所愛聽，也難免疏離了兩黨之間原本和諧的關
係。再者，9 月，台北發生《自由中國》半月刊發行人
雷震等以「叛亂」罪嫌遭警備總部逮捕事件，俗稱「雷
案」，該案發生後，青年黨領袖李璜、左舜生等人以雷
震朋友的身分，聯合香港民主人士招待記者聲援雷震，
認為雷氏是愛國的、反共的，也是為民主政治運動的奮
鬥者，要求立即釋放雷震，並保證此後不再有同樣事
件發生。這一連串的表態，無異更拉長了兩黨之間的
距離。

　　影響兩黨關係的第三個因素，還有一個潛在的基本
原因，那就是青年黨的內部分裂。青年黨來台以後，人

數變少，力量更小，對國民黨無論中央或地方政權的威脅均不大。一般認為，青年黨的分裂，執政的國民黨實難辭其咎，它宛如幕後的一隻黑手，運用兩手策略，一手以「反共抗俄宣傳經費」來豢養青年黨，使其乖乖俯首聽命，另一手再從中製造分裂，使其無力抗衡國民黨。誠如李璜一針見血指出：「青年黨的問題不是不能解決的，最大的問題出在政府的津貼（即反共抗俄宣傳費）上，政府停止一切津貼，糾紛自然平息。還有，國民黨也不必多管閒事，說什麼承認張三，不承認李四，憑空又增加許多意氣。」以上三件事，應是青年黨與國民黨貌合神離的重要原因。

大局如此，國事亂如蔴，黨事復爭鬧不休，看在耘農眼裡，除了躲進書房，撰寫時評社論外，又能如何？據其回憶，在所撰〈追憶王師曾兄的生平〉一文中亦有感性的道白。緣青年黨中央黨部自大陸淪共，輾轉遷台，在痛定思痛之餘，同志間初尚能勉強相安，及至民國 40 年（1951）5 月，曾琦主席在美國病逝未及一月，即有陳啟天、余家菊領導改革運動的「天馬茶房事件」發生，而後又有民國 49 年（1960）冬耘農與王師曾飛赴香港，勸說左舜生、李璜兩位先生來台協商解決，可惜並未如願。從此黨事紛擾逾 20 載，外感內傷交相疊乘，王師曾首當前衝，備受毀謗。耘農亦成是非中人，乃自民國 58 年（1969）起，即退而不問黨事，斷然捨去，不再捲入黨務糾紛漩渦中，但抱對黨事暫時息手，

讓一些喜好爭奪者感到疲倦時，再行設法重整。[3] 這是
耘農不與人爭，能急流勇退，放得下的做人處事哲學。

二、與青年黨的關係：黨事

綜耘農一生，大致而言，在大陸從出生、求學到工
作，總計約 48 年，而來台工作、從事教職等合計應不
止 28 年，其與青年黨的關係，不外下列三個方面：

第一是出席青年黨的全代會。

中國青年黨創黨初期，保持極端神秘，對外僅用
「中國國家主義青年團」名義，故國人每稱之為「國家
主義派」。直至民國 18 年（1929）9 月，該黨舉行第
四次全國代表大會時，始決定正式公開黨名。

根據筆者所掌握的資料，中國青年黨在大陸時期所
召開的全代會簡單經過如下：

1. 民國 15 年（1926）7 月，中國青年黨召開第一屆
   全代會於上海博文女學校，出席者有歐洲、香港、
   日本及國內各省代表，會中選舉曾琦、李璜、陳啟
   天、余家菊、張子柱、常燕生、殷震寰等 7 人為中
   央執行委員，曾琦任委員長，並完成中青之全國性
   組織系統。

2. 民國 19 年（1930）8 月，中國青年黨第 5 次全代會
   在天津召開，會議制定了「中國青年黨政策大綱」，

---

3 沈雲龍，〈追憶王師曾兄的生平〉，參閱蕭傑英彙輯，《王
  師曾先生遺集》（1984），頁 12。

並推選曾琦為中央執行委員會委員長。

3. 民國 21 年（1932）夏，中國青年黨在北京召開第七
   屆全代會，會中有代表提議黨的組織宜改制，委員
   長由全代會選舉，而中央委員則由委員長推薦，並
   主張舊幹部均退出中央，另選新幹部入替，結果李
   璜、左舜生、余家菊、陳啟天等人，均於此次大會
   後未任要職。中青頓失領導中心，糾紛時起，會務
   因而停頓。

4. 民國 24 年（1935），中國青年黨在上海召開第八屆
   全代會，耘農與李養式以駐日總支部代表身分返國
   出（列）席。會中選舉左舜生為委員長，曾琦、李
   璜、陳啟天、余家菊、常燕生、張子柱、林可璣、
   胡阜賢等人為委員。

5. 民國 27 年（1938）8 月 20 日，中國青年黨在武漢
   召開第九次全代會，重新選舉曾琦為委員長，左舜
   生、李璜、林可璣、郭肇黃、陳啟天、余家菊、常
   燕生等為委員。

6. 民國 34 年（1945）12 月，中國青年黨在重慶舉行第
   十屆全代會，議決撤銷「全民革命」之主張，改為
   和平政黨，並改選中央黨部，曾琦為中央執行委員
   會主席，陳啟天為秘書長，李璜掌外務，左舜生任
   宣傳，余家菊為訓練，鄭振文管組織。

7. 民國 36 年（1947）9 月，中國青年黨在上海麗都
   花園召開第十一屆全代會，參加會議的各地代表達
   150 餘人，會中選出曾琦為中執會主席，李璜為副主
   席，左舜生等 18 人為中執會常委。

8. 民國 40 年（1951）6 月，中國青年黨於台北召開第
　　十二屆全代會，緣該黨主席曾琦於是年 5 月病逝美
　　國，李璜代理主席又因事滯留香港，黨內旋即發生
　　爭執，分裂為二：一為臨時全代會所產生之中央主
　　席團，一為由第十一屆中常會召開第十二屆全代會
　　所選出之中央常務委員會。嗣經各方奔走調停，至
　　民國 43 年（1954）5 月，雙方為求團結同意成立中
　　央聯合辦事處，並設中央聯席會議為議事機構。[4]

　　以上所列 25 年間，中青所召開的全代會約八次，
耘農有回憶撰文記載的僅兩次，即民國 24 年（1935）
從日本回國參加的一次，以及民國 36 年（1947）抗戰
勝利後在上海召開的一次。在〈述往事，憶舜生〉一文
中，耘農其時已由台辭職返滬，在經濟部及改稱工商部
的附屬機構任職，除參加第十一屆全代會外，並前往南
京出席行憲國大，因此與左舜生有多次的晤敘。

　　綜合而言，耘農對青年黨的黨務貢獻，在台灣時期
似乎較大陸時期益顯重要，所扮演的角色更獲得黨的重
視。他已進入黨的高層核心——常務委員會，並擔任中
國青年黨黨史委員會主任委員，一方面顯示長才得以發
揮，另一方面證明，他的人際網絡和黨政網絡更為圓熟
與擴大。

第二是為黨的刊物編稿、寫稿。

　　中國青年黨早期同志，多出身文化教育界，而以筆

4　《中華民國年鑑》，民國 51 年，第十章，頁 86-88。

桿起家，幾十年來，他們多在文化教育界與學術界上傳播愛國種子，亦即「書生報國，毛錐當寶刀」，並非專以從事實際政治討生活。

　　就言論機構而論，中青先後辦有巴黎《先聲週報》、上海《醒獅週報》、《剷共半月刊》、《民聲週報》、《國論月刊》、《青年生活》、《青年中國》、《國光旬刊》、《國論週刊》、《民眾半月刊》、《新中國評論》、《民主潮》、《現代國家》等雜誌；《香港時報》、《申江日報》、《新中國日報》、《中華時報》以及《公論報》等日報，以宣傳該黨主張。就出版機構而言，該黨在上海、北平、瀋陽、成都、重慶及香港等地設有書店，銷售該黨編印的小叢書，另於香港設有自由出版社，出版反共書籍多種。就教育機構來說，該黨在上海設有知行學院、培明中學、大華中學，於北京設有愛國中學、民鐸中學，天津設有健行中學，成都設有敬業學院、敬業中學、川康農工學院，福建設有私立福州中學、榕西中學等，教育青年。[5]

　　大陸幅員廣大，耘農個人力量有限，當然不可能全部參加。據其回憶，他早年在上海，與張希為、黃欣周任《國論》月刊編輯，負責寫稿、閱稿、編稿、校稿等工作，十分投入。來台後，常為《民主潮》、《新中國評論》等雜誌和《公論報》撰寫時評政論，持論平正，下筆嚴謹，不愧為「江南一才子」、「青年黨一

5　《中國青年黨建黨五十週年紀念特刊》（中國青年黨中央黨部，1973），頁 11。

健筆」。

第三是主持中青黨史會，出版黨史資料叢刊。

　　耘農來台後，一直是黨的台柱，與黨血肉相連，患難與共，後來因在《傳記文學》為文論史論人，聲譽鵲起，乃應邀進入中青的中央執行委員會，兼主黨史會，在其慧眼與專業推動下，為黨整理許多早期黨史資料，出版叢書十餘種，增進國人對中青的了解，深受研究政黨政治學者的重視。[6]

　　茲誌耘農主編的「中國青年黨黨史資料叢刊」目錄如下：

1. 《中國青年黨的過去與現在》（一）
2. 《中國青年黨的過去與現在》（二）
3. 《抗戰建國中之中國青年黨：中青黨史・政綱》
4. 《曾慕韓先生年譜日記》
5. 《國家主義論文集》（一）
6. 《近三十年見聞雜記・江西紀遊》（左舜生）
7. 《反俄與反共》（陳啟天）
8. 《學鈍室回憶錄（節錄本）》（李璜）
9. 《政論與書評》（常燕生）
10. 《領袖學・回憶錄》（余家菊）
11. 《中國共產黨之來源》（沈雲龍）
12. 《李璜先生近五年言論集》

6　梅漸濃，〈永懷一位知識分子的典型：敬悼學長沈雲龍同志〉，《沈雲龍先生紀念集》，頁 224。

第二節　國民大會代表的網絡

民國 36 年（1947）6 月，政府以訓政結束在即，乃成立選舉總事務所，辦理國大代表暨立法委員選舉。同年 11 月，中國青年黨提名國大代表候選人 450 名，立法委員候選人 81 名。選舉結果，該黨國大代表當選者 230 餘名，立法委員當選者 16 名。民國 37 年（1948）3 月 29 日，行憲第一屆國民大會在南京開幕，報到代表共計 1,694 人，該黨國大代表全部出席。同年 5 月行憲首屆行政院成立，張羣任行政院院長，青年黨推左舜生、陳啟天等 4 人為政務委員，並由左舜生兼農林部長、陳啟天兼工商部長。同年 12 月，行政院改組，孫科繼任行政院院長，青年黨仍推左舜生等為政務委員，左氏仍兼農林部長。

至民國 38 年（1949）4 月，戡亂軍事逆轉，政府由南京遷廣州，何應欽繼孫科組閣，以反共著稱的青年黨，為避免妨礙和談起見，故未推派人員參加內閣。迨和談破裂，共軍進犯長江，閻錫山出掌行政院，實行反共抗俄國策，該黨復推王師曾為政務委員。其後，政府由穗而渝而蓉而台，該黨一如抗戰時期所表示，認為唯有舉國團結一致，並與國民黨精誠合作，始能獲致反共抗俄之最後勝利。是以大陸淪陷後，該黨中央及各省市重要幹部，多相率來台，無一附共。

民國 39 年（1950）3 月，蔣中正總統在台復職，陳誠組閣，該黨仍推王師曾為政務委員。民國 43 年（1954）2 月，第一屆國民大表大會第二次會議在台集

會，出席代表 1,487 人，該黨代表及旅居港澳暨海外趕回出席者，計 85 人，當選為主席團主席者，有陳啟天、余家菊、左舜生、朱文伯等 4 人。此次，該黨並未提出總統、副總統候選人，而一致支持蔣總統及陳誠副總統之當選。

至民國 49 年（1960）3 月，第一屆國民代表大會第三次會議在台北召開，出席代表 1,454 人，該黨代表出席者計 85 人，有陳啟天、余家菊等 3 人當選為主席團主席。經大會議決，修改動員戡亂時期臨時條款後，該黨雖有旅港的左舜生、李璜等人反對蔣的三連任，仍一致支持蔣總統、陳副總統之當選連任。[7] 據同任國大代表的青年黨趙震鵬同志回憶，耘農從行憲國代到台灣出席歷屆國大會議時，他是代表青年黨發言較多的一位，詞嚴義正，而又充滿風趣。[8]

耘農來台初期，青年黨籍的國大代表雖僅剩 85 人，但黨內前輩滯港的有李璜、左舜生等人，在台的有陳啟天、余家菊、朱文伯等人，他們包辦了青年黨的國大代表主席團名額，在輩份上尚輪不到耘農頭上。直至民國 73 年（1984）的第一屆第七次會議，在左舜生（1969）、余家菊（1976）、陳啟天（1984）、朱文伯（1985）等幾位黨內前輩老成凋零後，始有機會擠身主席團主席。耘農在國大代表中屬於較年輕的一輩，但在社會上已卓著聲望，據與耘農有「四同」之誼的馬聯芳

7　《中華民國年鑑》，民國 51 年，頁 86-88。

8　趙震鵬，〈悼念沈雲龍先生〉，《沈雲龍先生紀念集》，頁 286。

回憶，是他首先支持簽署推薦耘農為候選人，並一舉當選，[9]並擔任憲政研討委員會常務委員，以黨籍代表身分更上一層樓，負擔更重要的責任，並有機會在執政黨、友黨暨無黨籍一千多名代表之間，開拓更大的黨政網絡和人際關係。

第三節　光復大陸設計研究委員會的網絡

民國 43 年（1954），第一屆國民大會第二次會議期間，與會代表提議於大會閉幕後，設置常設機構，俾便參與策劃光復大陸大業。遂將行政院原設計委員會裁併，設置光復大陸設計研究委員會（簡稱光復會），隸屬於總統府。

該會以出席第一屆國大第二次會全體代表 1,616 人，以及行政院原設委會 272 人為委員，共計 1,888 人，於 11 月 1 日正式成立，隨即展開工作。光復會置主任委員一人，主持會務，副主任委員二至三人襄助會務，均由總統遴選聘任之。

其工作目標，在研究光復大陸之各種方案，期使政治、經濟、文化、社會各項措施，均能配合軍事，發揮總體戰之力量。原設有研究大陸問題專責單位，在蒐集

9　馬聯芳，〈沈雲龍兄逝世週年紀念〉，《沈雲龍先生紀念集》，頁 297。

大陸資料、繪製應用圖表、撰寫專題論著，並出版有
《光復大陸》刊物。[10]

　　光復會的主任委員通常由執政的國民黨籍代表（如
薛岳）擔任，副主任委員則分由友黨黨籍代表出任，這
是一種榮譽性質兼花瓶角色。早期，青年黨代表先後有
左舜生、陳啟天擔任過此項榮譽頭銜，除頭銜外，並
配備有汽車和專用司機，出入方便，另加主管津貼。耘
農直至民國 74 年（1985）冬，始繼任此一榮譽頭銜，
雖工作增加，網絡又有擴充，但卻加重其精神和體力負
擔，遂至有後來為俗務、為黨事、為國事，而過分操
勞，而心力耗盡，而猝逝之不幸，令識者不勝惋惜！

　　民國 79 年（1990）5 月，立法院預算審查委員會
審查 80 年度預算案，將光復會 80 年度預算刪除，並附
帶決議，該會民國 82 年（1993）6 月 30 日凍結全部會
務。按該會自成立以迄結束，共計 36 年。

10　《中華民國年鑑》，民國 76 年。

第七章　沈雲龍的學術網絡

第一節　大專院校的學術網絡

一、世新大學的學術網絡

耘農在台灣，除了以中國青年黨為舞台，透過國民大會代表同光復大陸設計研究委員會兩個平台，開展他的黨政關係與網絡外，他還有一層以世界新聞專科學校（後升格為世新大學）為起手式，逐漸發展並凝固的大專院校學術網絡，聊慰在公務機關「懷才不遇」、「性格不合」的鬱卒感，終有「學以致用」、「得天下英才而教育之」的滿足快感，並指導培養出不少學術界與傳播界的新秀菁英，堪稱「此生不虛」。

世界新聞職業學校於民國 45 年（1956）由成舍我（1898-1991）手創，民國 49 年（1960）7 月核准改制為世界新聞專科學校。成氏，被譽為「新聞界三老兵」，少時即深感「新聞事業實為對人類社會辨誣白謗，改革進步最具功效之事業。」來台後，擇定台北木柵溝子口為校址，以「德智兼修，手腦並用」為校訓，創辦世界新聞專科學校，初設廣播科，後來陸續增設報業行政、編輯採訪、廣播電視、電影製作、圖書資料、印刷攝影等科，分三年制、五年制兼設夜間部，

旨在為民主自由的中華民國培養「品德第一的最優秀
新聞人才」。[1]

　　耘農留日時，雖在日本新聞學院上過課，並修得一
紙文憑；來台後，雖亦在公餘之暇，為《公論報》等撰
寫社論或時評，然平實而論，他並非科班出身，亦欠缺
專業的訓練。耘農本人亦承認，他自日本回國以後，
僅僅做過一次短期的軍法官，和主持為時不到兩年的宣
傳行政業務，其他大多擔任財經方面的公職，可說完
全「用非所學」，何況始終沒有一天當過新聞採訪記
者。[2]可見既無理論之素養，亦乏實務之歷練。

　　可知，耘農應成舍我之聘，到世新上課，所教的課
程並非一般的專業課程，而是教育部所訂、專為大專院
校量身訂做的通識課程——中國近代史。耘農是個守法
守規、律己甚嚴的人，民國 38 年（1949）來台在經濟
部任職，因深感工作與個性不合，於民國 45 年（1956）
辭去公職，他之所以轉換跑道在大學教書，應在民國
45 年（1956）之後。他在世新是專任或兼任，前後教
課多少年？因為不是主要關鍵問題，筆者亦無意追根究
柢。根據其個人回憶資料，他在世新任教時間甚久，前
後至少有二十年歲月。一個人能在一間私立學校任教這
麼久，相當不易，至少要有兩個條件：一是要與學校
高層關係不錯，二是獲得學生的肯定，雙方互動交往

1　關國煊，〈成舍我〉，劉紹唐主編，《民國人物小傳》，
　　第 18 冊（1988），頁 50-67。
2　沈雲龍序，參閱：邱秀文，《智者群像》（台北：時報出
　　版，1977）。

良好。

　　世新創校以來，畢業學生何止萬計？二十年所教過的學生亦何止千計？從《沈雲龍先生紀念集》中所留下的學生紀念文可知，他的教學是成功而獲得學生歡迎的，他對學生的關懷、指導和呵護，也是得到學生感念的。在此，特舉出學生的至情表白為見證。

1. 魯曉民（青年黨員，《國家論壇》主編）

　　沈師為人相當幽默，反應迅捷，可以隨時旁徵博引，引古喻今談中外之人與事，但他從不揭人隱私，往往只點到為止。除專門學識豐富外，其常識之淵博更令人佩服不已。其做人處事之週到與細膩更讓人五體投地。他交遊廣闊，包括黨、政、軍、學，三教九流都在內。他慈祥可親，有時亦不怒而威；他是個愛惡分明、嫉惡如仇的人；他待人寬厚體貼，對普通鄉親、晚輩、學生、司機等特別週全厚道。他有高度的政治智慧，卻不玩弄手段，也不鄉愿耍小聰明。[3]

2. 盧淦金

　　他是一位純正愛國的青年黨人，他對青年黨被譏為「花瓶黨」不願置辯，卻堅持：「看青年黨，不能以成敗論英雄！」他爽朗親切，談笑風生，充滿老年人才能有的圓熟智慧，卻絲毫沒有老年人常有的冷漠、嚴肅和枯澀，令人如沐春風。他既不妄自菲薄、灰心喪志，也不憤世嫉俗。他教學、治史非常嚴格認真，交朋友、待

3　魯曉明，〈追憶與沈師雲龍先生相交的點點滴滴〉，收入《沈雲龍先生紀念集》，頁 240-247。

學生，卻始終親切、和藹、寬厚。他說自己當說的話，不卑不亢，有稜有角。他是位可敬、可佩而又非常可愛的人。[4]

3. 梅麗雅（世新學生）

他講近代史，簡潔分明而見解精闢獨到，他分析當時的政治人物、社會背景、典章制度、外交及經濟措施，均能旁徵博引而又敘事客觀。他說研究歷史，就像打官司一樣，原告、被告、人證、物證，都要齊全了才好判斷、辯白，否則可能淪為片面之詞，不足為訓。[5]

4. 金士（世新學生）

在學校裡，他是位嚴格的「經師」，堪稱「惜」分如金；在史學研究上，他是位嚴格的史家，信則傳信，疑則傳疑，威武不屈；而在待人處世方面，他卻是個豁達開朗、妙語如珠，充滿圓熟的智慧，令人極願親近的長者。沈師給人印象最深刻的，就是他做人與做事有極大的差別，不同在於平常的隨和、親切、周到。親朋好友學生有什麼婚喪喜慶，他該去的，無論多忙總要親自趕到；而且無論到那裡，他都令人有如沐春風的感覺。奇怪與高興的是，每一個認識沈先生的人，都說他們非常喜歡沈先生，尤其是女士們更喜歡以「可愛」二字來形容沈老師。[6]

4　盧淦金，〈典型昨日分明在：悼念敬愛的史家沈雲龍先生〉，收入《沈雲龍先生紀念集》，頁248-251。

5　梅麗雅，〈近代史學家沈雲龍〉，收入《沈雲龍先生紀念集》，頁252-259。

6　金士，〈懷念沈雲龍老師〉，收入《沈雲龍先生紀念集》，頁260-262；金士，〈青年黨菁英沈雲龍恩師〉，收入《沈

5. **邱秀文**（世新編採科畢業，曾任《中國時報》記者，著有《智者群像》）

　　耘農師教學認真嚴謹，聽他的課收穫極多，可也擔心那不成文的規定：「全班每學期三分之一及格，三分之一補考，三分之一重修」。一般講解歷史的教師，只會報「流水帳」或以「講故事」取勝，而耘農師有更上一層樓的旁徵博引和分析，啟發學生的興趣，每一堂課似乎都在一種滿足的安靜中結束。上了一年耘農師的課，個人因此對歷史有了較深刻的了解和認識，對歷史的判斷也找到了一個入門的途徑。耘農師私下言談時，充分流露出他直言不諱、嫉惡如仇的個性，但對於他欣賞的朝野有識人士，也會不吝讚許。[7]

6. **曾祥鐸**（世新轉台大歷史系，曾執教中興大學）

　　沈師講課非常認真，全神貫注，對史實非常熟悉，前後貫串，自成系統；語調沉穩有力，充滿自信；言詞於鋒銳之中帶幽默，十分引人入勝；對歷史的見解也遠超流俗之上，並且很能激發青年們的愛國熱情。講到近代史的傷痛處，他自己熱淚盈眶，學生們也同樣泫然淚下。曾君在中興大學任教時，因言論未能見容於聖明，而有遭解聘奇禍，幸得沈師為其爭取，主動安排他到世新執教。這種以實際行動幫助解決學生的困難，當然是師恩深重，難以回報的。[8] 不過，曾祥鐸幫忙詳校《徐

　　雲龍先生紀念集》，頁 263-268。

7　邱秀文，〈歷史不是流水帳：訪沈雲龍教授〉，收入《智者群像》，頁 94-102。

8　曾祥鐸，〈敬悼沈雲龍老師〉，收入《沈雲龍先生紀念集》，

世昌評傳》全稿，亦算是對耘農的一種回饋。

俗話說：「患難見真情」，或「生死見真情」，師生情誼乃至學術網絡關係亦復如此。以上所述的六位受教過耘農，並在畢業後於職場工作與耘農有較密切互動的世新畢業生，他（她）們在耘農的教學、治史與待人接物方面所留下的至情真誠證言，足以說明一切。

二、東吳、銘傳等校的學術網絡

除了世新之外，耘農亦前後應銘傳女子商專學校校長包德明暨素未謀面的東吳大學法學院教務長桂崇基之禮聘，擔任該兩校的中國近代史之「黑牌教授」。

東吳法學院原設於大陸蘇州，後來應校友之請，於民國 55 年（1966）在台北外雙溪恢復設校，院長石超庸，初設法律、政治、經濟、會計等系，後來增設中國文學、外國語文等系。除法律系五年修業外，其餘均為四年，修業期滿授予學士學位。

銘傳女子商業專科學校於民國 49 年（1960）10 月核准立案，在台北士林設校，分三年制、五年制，另設夜間部。三年制設有銀行保險、會計統計、商業管理、國貿、商業文書、商業數學等科。

耘農從民國 46 年（1957）至民國 65 年（1976）7 月因病辭職，先後在世新、東吳、銘傳三校任教近二十年，其中以世新任教最久。據耘農回憶教學經過，「最初，自感力不勝任，事先曾作充分準備，參考不少資

頁 269-278。

料，講課時口述綱要，命學生筆記。這個方法並不十分理想，乃自編講義（即後來由世新出版的《中國近代史大綱》），資為依據，另在課堂上作重點說明，儘量讓學生提出問題討論，這比諸完全注入式教學較多啟發性，覺得對學生對自己都有相當的助益。」[9]

　　一般擔任中國近代史等通識課程的老師，多以單向注入式教學為主，採「貝多芬」（背誦講義即可得多分）的原則考核學生優劣，但在世新畢業學生邱秀文的記憶裡，她對耘農師的教學方法已另眼相看。她不客氣的批評，一般講解歷史的教師只會報「流水帳」或以「講故事」取勝，而耘農講課，談近代史的來龍去脈，簡潔分明而又有精闢獨到的見解，分析當時的社會背景、政治人物、典章制度、外交及經濟措施等，無不旁徵博引，敘事客觀，啟發了學生興趣。這種啟發式而非注入式的教學，最為學生所歡迎。難怪，耘農的世新高足邱秀文說，「每堂課似乎都在一種滿足的安靜中結束，更盼望下週他那矮胖的身影快點踏進教室」。[10]

　　耘農除了在世新等三個私立專校和學院兼課，講授中國近代史外，亦曾偶而應聘出任台灣大學、台灣師範大學、政治大學和中國文化大學等校相關科系碩士論文之指導教授或畢業口試委員，由此足證耘農一者的確學有專攻，二者在教育界名氣亦頗響亮（耘農以未經向教

9　梁實秋等著，《我的第一步》（台北：時報公司，1972），上冊，頁 172。

10　邱秀文，〈耘農師七秩華誕獻詞〉，收入沈雲龍著，《耘農七十文存》，頁 1-6。

育部送審的不合格教授，居然倖免於淘汰，而又沒有誤
人子弟，頗感自慰），三者亦顯示其學術網絡之寬廣。

　　耘農究竟指導多少篇碩士論文之寫作？參加過多少
次碩博士論文之口試？筆者無暇做一完整之調查統計。
在此僅舉一著名例子稍作支持。在政治大學歷史研究所
畢業，由耘農指導，以《少年中國學會之研究》為題，
終生以研究中國青年黨史和民國黨政人物為職志，先後
出版了《在野的聲音：青年黨人的時代關懷及其政治參
與》、《傳記與思想：青年黨領袖群像》、《逝去的虹
影：現代人物述評》、《五〇年代香港第三勢力運動史
料蒐秘》等專書十餘種的陳正茂，係耘農研究衣缽的傳
人，更是兩岸三地研究中青黨史數一數二的專家。在耘
農仙逝後，正茂教授先後在《傳記文學》發表過〈謹以
曾琦遺著「國體與青年」之發現紀念近代史學家沈雲龍
師逝世三週年〉（57 卷 4 期）、〈紀念沈雲龍教授逝
世二十週年：追憶先師沈雲龍先生〉（91 卷 4 期）兩
篇追悼文章，細數與耘農結緣的過程，指導論文時的諄
諄教誨，如沐春風，以及日後的照拂、獎掖提攜之情，
都有真情的告白。[11] 限於篇幅，此處不再贅述。俗云，
兵貴精不貴多，學生亦復如此。耘農能在不經意之間，
培養訓練出這樣一位優秀的衣缽傳人，亦不枉此生。

---

11 參閱陳正茂，〈謹以曾琦遺著「國體與青年」之發現紀念
　　近代史學家沈雲龍師逝世三週年〉，《傳記文學》，57 卷
　　4 期（1990.10）；〈念沈雲龍教授逝世二十週年：追憶先
　　師沈雲龍先生〉，《傳記文學》，91 卷 4 期（2007.10）。

第二節 劉紹唐與《傳記文學》的人氣網絡

一、劉紹唐個人魅力與加持

劉紹唐（1921-2000），名宗向，原籍河北蘆台，民國 10 年（1921）出生於遼寧錦縣，抗戰後期就讀西南聯大，勝利後分發至北京大學畢業。受胡適倡導傳記文學的影響，來台後於民國 51 年（1962）6 月創辦一個熔史學與文學於一爐的《傳記文學》，意在除官史之外另闢蹊徑，提供一個有別於官方說法的歷史視野，以補官史之不足，並還原歷史真相，因此贏得「野史館館長」的稱譽。

劉紹唐，人稱紹老，獨立經營《傳記文學》近四十年，從邀稿、審稿、校稿到考訂，從不假手他人，他的生命就在工作體力透支與喝酒應酬雙重折損中耗盡。劉社長之逝，來得突然，由於他生前交遊廣闊，門生故舊散見各地，想念他的人多，都想藉文字來表達對他的哀悼。足見劉紹唐人氣網絡之盛。以下摘錄幾位好友的悼詞。

1. 卜少夫（《新聞天地》社長）

一代完人，意猶未盡；
三生石上，願再結盟（酒友）。[12]

---

12 卜少夫，〈一代完人，意猶未竟：哀悼一位為中國近現代歷史的篤實奉獻者〉，《傳記文學》，76 卷 3 期（2000.03），頁 17。

2. 葉明勳（報壇耆宿）

劉紹唐成功的四條件：

（1）宏遠的見識；

（2）堅定的毅力；

（3）豐沛的人脈；

（4）不變的立場。[13]

3. 楚崧秋（曾任中央日報、中視董事長）

比美當年張季鸞辦《大公報》所持「不黨、不賣、不私、不盲」的「四不原則」。[14]

4. 唐德剛（旅美史學家）

隨兩岸精英，寫三朝元老；

知無鮑叔，從此再無司令員。[15]

5. 陸鏗（名記者）

是一位德、才兼備的君子，

風流瀟灑而不逾矩，自律甚嚴。[16]

6. 王藍（作家）

王氏有名言：「天上的星星，恆河的沙，劉紹唐的徒弟，袁曉九的她」，[17] 即言其多也。

---

13 葉明勳，〈懷往事，傷斯人：敬悼傳記文學社長劉紹唐兄〉，《傳記文學》，76 卷 3 期（2000.03），頁 20。

14 楚崧秋，〈青春常在，青史相伴：劉宗向兄可以安心矣！〉，《傳記文學》，76 卷 3 期（2000.03），頁 22。

15 〈唐德剛輓聯〉，《傳記文學》，76 卷 3 期（2000.03），頁 27。

16 陸鏗，〈不容青史盡成灰：悼傳記文學創辦人劉紹唐〉，《傳記文學》，76 卷 3 期（2000.03），頁 17。

17 王瑩，〈筵席已完，主人遠颺，只是我們還不想散〉，原載《民生報》（1990.02.12），《傳記文學》，76 卷 3 期（2000.03），頁 39。

7. 李又寧（旅美教授）

他的長處很多，最明顯的是：勤奮、能幹、熱誠、慷慨、人緣好、史識博、眼光遠。[18]

8. 何慶華（旅美作家）

師父待人處世具俠義豪情，其最了不起的特點是「能化干戈為玉帛」，懂得「杯酒釋兵權」的奧妙。[19]

9. 郭冠英（新聞局退休）

以肝約稿，以眼看稿，以心審稿，以志刊稿。肝眼雖朽，心志長存，此紹唐先生也。[20]

10. 王瑩（《光華雜誌》主編）

為什麼大夥兒心甘情願地叫他師父，而且像滾雪球一樣，徒弟越滾越多，後來還分起「正規軍」、「雜牌軍」、「內圍」、「外圍」，說起來也大概都跟喝酒有點關係。[21]

　　在劉紹唐先生逝世十週年後，又恰逢唐德剛教授作古，由李又寧教授發起，一群史學界的朋友在中研院近史所舉辦一場「劉紹唐、唐德剛先生追思座談會」，全文刊在民國99年（2010）1月出版的《傳記文學》（96卷1期）上。李雲漢、張朋園、張玉法、陶英惠、陳三井、張京育、汪榮祖等教授，以及郭冠英、王榮文、成

---

18 李又寧，〈最有創造性的史學工筆者〉，《傳記文學》，76卷3期（2000.03），頁32。

19 何慶華，〈追憶師父〉，《傳記文學》，76卷3期（2000.03），頁35。

20 郭冠英，〈走出史牢，載入史冊〉，《傳記文學》，76卷3期（2000.03），頁38。

21 王瑩，〈筵席已完，主人遠颺，只是我們還不想散〉，頁39。

露茜諸先生都發了言。茲節錄幾位的發言稿，以證明劉
紹老的風範與好人緣。

1. 李雲漢（黨史委員會主委）

對於紹唐，有幾句話形容：讀書多、見聞多、朋友
多，好客、健談，樂於助人，有文人之雅，也有豪
士之風。[22]

李雲漢（右）與陳三井（左）。〈中央研究院近代史研究所
劉紹唐、唐德剛先生追思座談會〉，頁 19。

---

22 李雲漢發言，〈中央研究院近代史研究所劉紹唐、唐德剛
先生追思座談會〉，《傳記文學》，96 卷 1 期（2010.01），
頁 20。

2. 張朋園（近史所研究員）

劉先生非常好客，會講笑話，往往讓在座的人笑得
人仰馬翻。[23]

張朋園（左）與張京育（右）。〈中央研究院近代史研究所
劉紹唐、唐德剛先生追思座談會〉，頁 21。

---

23 張朋園發言，〈中央研究院近代史研究所劉紹唐、唐德剛
先生追思座談會〉，頁 22。

3. 張玉法（近史所研究員兼所長）

餐敘時，劉先生有時講黃色笑話，但他最擅長的是
鬧酒。劉先生敬酒時常用台語說：「你喝多少我就
喝多少！」或者乾脆就說：「你隨意，我乾杯。」[24]

張玉法（右）與陶英惠（左）。〈中央研究院近代史研究所
劉紹唐、唐德剛先生追思座談會〉，頁 23。

---

24 張玉法發言，〈中央研究院近代史研究所劉紹唐、唐德剛
　先生追思座談會〉，頁 23-24。

4. 陶英惠（近史所研究員）

紹唐先生非常好客，在宴客觥籌交錯之際，他妙
語如珠，常戲言自己「年高德少，最有分量（體重
上）」，使氣氛輕鬆。他有許多「徒弟」，至於
「師父」一詞之由來，因初與年輕朋友聚會時，別
人常稱呼他為學兄、大哥或先生，皆不相宜，乃通
稱「師父」。[25]

劉紹唐（左）、周策縱（中）、唐德剛（右）。〈中央研究
院近代史研究所劉紹唐、唐德剛先生追思座談會〉，頁29。

---

25 陶英惠發言，〈中央研究院近代史研究所劉紹唐、唐德剛
先生追思座談會〉，頁29。

5. 成露茜（《傳記文學》社長）

對收徒弟一事，劉先生曾有一幅對聯：「何功何德何能，豈敢當師父；無權無拳無勇，怎能收徒弟」。橫批是「人之患」。劉先生自己嘗說，為人師有三個難處：一要喝酒不能醉；二要打牌不能贏，三要美女當前，弟子服其勞。[26]

劉紹唐的個人魅力，好人緣，乃至在台北藝文界、學術圈所營造的特別文化和氣氛，是別人所難以模倣的。筆者綜合各家的說法，加上個人的旁觀體會，在2010年的那次追思會上，曾有比較長的發言，特再錄此與讀者分享。

6. 陳三井（近史所研究員兼所長）

「大家熟知，紹老好客，交友廣闊，三教九流，無所不包。他的朋友橫跨政界、新聞界、學界、藝文界，不分老少，無論男女，都能一視同仁。他能喝善飲，喜歡講加料的笑話。他是永遠的主人，也是最好的主人。他常以永康街為管區，以同慶樓、秀蘭小館等餐廳為『御膳房』，廣邀過客與群儒，煮酒論英雄，縱談天下事，所以有人以『台北孟嘗君』視之，並將這種聚會比美王羲之的『蘭亭之會』。透過紹老這個網絡的連結、推廣，透過『劉傳記』

---

26 成露茜發言，〈中央研究院近代史研究所劉紹唐、唐德剛先生追思座談會〉，頁32。

這個『窗口』的吞吐吸納，它有時成為拉稿、邀稿的媒介和各項藝文訊息的總匯，無形中成為大家心靈交流、友情慰藉、噓寒問暖的最佳場所，為台北夜空留下一頁頁充實而興會淋漓的詩篇！」

「紹老的仙逝，可以說，這是一個傳統文人時代的結束；當然，也是台北文化學術界最大的損失。從此，永康街不再眾星閃耀，群英雲集；同慶樓難得再聞眾聲喧嘩！」[27]

郭冠英（左）、陳三井（中）、李雲漢（右）。〈中央研究院近代史研究所劉紹唐、唐德剛先生追思座談會〉，頁36。

耘農不是劉紹唐，劉紹唐的個人魅力與好人緣，當然不等於耘農的個人魅力與好人緣，但是這中間仍有連結和加持，相輔相成，甚至水幫魚魚幫水的共生關係。何況還有一份《傳記文學》做為橋樑平台，故兩人之間

---

27 陳三井發言，〈中央研究院近代史研究所劉紹唐、唐德剛先生追思座談會〉，頁 30-31。

所互相產生的朋友層等各種人際網絡的合拍，也就十分
明顯了。

民國78年（1989）10月7
日，史學界朋友在台北
市金玉滿堂餐廳為劉紹
唐祝七十大壽。中坐穿
著帝后裝者為劉紹唐夫
婦。站立者左起：陳三
井、李雲漢、林泉、王
曾才、陳存恭、蔣永敬、
劉鳳翰、陳捷先、吳伯
卿、黃福慶、胡春惠、
陶英惠。筆者提供。

陶英惠（左）、
筆者（右）與劉
紹唐夫婦合影。
筆者提供。

二、《傳記文學》傳播的正能量

　　談《傳記文學》，當然以創辦人劉紹唐為主角。不
過，要述說這份雜誌所傳播、凝聚的人際網絡，似乎也
不能忽視其筆者群所帶來的影響力，尤其所謂「三大台
柱」──吳相湘、唐德剛、沈雲龍號召力。

　　劉紹唐以「一人敵一國」創刊《傳記文學》，有他
的理念、原則和堅持。先說理念，他抱持的是「為文學
開新路，為史家找材料」，想提供一個有別於官方說法

的歷史視野，以補正史之不足；他特別念茲在茲的是
于右任的兩句詩：「不信青春喚不回，不容青史盡成
灰」，更希望以實際行動來搶救因時間的推移而被湮沒
的材料。

　　再說原則，創刊之初曾揭示下列幾個原則：

1. 不登化名或筆名所發表之文，以示負責。
2. 不刊登空洞無物的壽慶應酬詩文。
3. 不炒冷飯，即不刊登已經發表過的文章。
4. 拒登活人的豐功偉績，以免有歌功頌德之嫌。

　　為堅持所訂的原則，有時基於實際的需要，難免會
視情況而有所變通。這是因時制宜、萬不得已的作法。
至於劉紹唐辦《傳記文學》的重大貢獻，史家李雲漢提
出五點公允的評價是：

1. 他為史學界提供了廣闊的史源。
2. 在《傳記文學》開闢「民國人物專欄」，提倡口述
   歷史，為近代史研究提供很好的範例。
3. 尊重正統，採用民國紀元。
4. 主張治史應存厚道，更要公道。
5. 反對「一國兩制」，主張「一國兩史」；認為歷史
   可以有多種解釋，兩岸若能兩史並存，後人自然可
   以瞭解更多的歷史真相。[28]

　　劉紹唐創刊《傳記文學》，主編《傳記文學》，非
僅僅是一本雜誌的發行，主要是帶動整個社會從藝文界

---

28 李雲漢發言，〈中央研究院近代史研究所劉紹唐、唐德剛
　　先生追思座談會〉，頁20。

到學術界，重視研究與出版傳記的風氣。所以，李又寧教授推崇他是「最有創造性的史學工筆者」。他對史學的重大貢獻，除了前輩李雲漢的五點評價外，至少還應包括下列六項具體的貢獻：

1. 民國史料叢刊，第一輯共 22 種，精裝 38 冊。
2. 傳記文學叢刊目錄，計 140 種。
3. 傳記文學叢書目錄，計 104 種。
4. 傳記文學集刊 5 種。
5. 民國人物小傳，計 1 輯 12 冊，2 輯 8 冊。
6. 民國大事日誌，4 冊，至民國 80 年止。

　　以上這些琳瑯滿目，為研究民國史者所必備的出版品，加上劉社長主編的 453 期《傳記文學》合訂本，纍纍巨著，堪稱「民國史的萬里長城」。這些內容包括名家自傳、評傳、年譜、回憶錄、日記等珍貴史料的好書和精采讀物，將與劉紹唐燦爛的一生和《傳記文學》的永續經營，同其不朽，而與天地同壽。

　　身為《傳記文學》三大台柱之一的耘農，據李雲漢的回憶，「他與傳記文學社關係很深，似是常年擔任編輯顧問，並為發表文章最多的筆者。傳記文學社舉辦的一些學術活動，如民國人物座談會等，沈先生也都參與策劃，幾乎每次活動都少不了他。」[29] 這似乎尚未說到重點。

　　據耘農自述，他與劉紹唐由認識而訂交，早在民國

---

29 李雲漢，〈紀念沈雲龍教授逝世二十週年：追憶沈雲龍教授〉，《傳記文學》，91 卷 4 期（2007.10），頁 64。

40 年（1951）拜讀他的大著《紅色中國的叛徒》以後，對他的文采、才華、機智和反共決心，十分敬佩！[30] 接著，劉紹唐對這位「傳統式讀書人」，同是「素所敬佩」，對其「治學功力之深，搜求資料之勤」，讚不絕口。至於雙方結緣的經過，紹老進一步回憶說，「民國 51 年 6 月，雲老看到創刊號後，立即寫了一封信來，表示欣賞、擁護與支持的意思（信已遺失），但為本刊寫稿則在一年之後。他的第一篇稿子是〈口述歷史與傳記文學〉，當時他正在主持中央研究院口述歷史訪問計劃，是有感而發。由於他公事忙，此後三年僅寫過三篇稿子，一直到本刊第 10 卷（56 年元月）起，幾乎每期都有他的大作（有時不止一篇）。本刊到上期止是 305 期，雲老在本刊發表的文稿則有 296 篇之多，可以說是與本刊關係最深，歷史最久而最近 20 年持續不斷的撰稿人與支持者。」[31]

耘農除了與劉紹唐社長的直接關係外，透過同樣為雜誌寫稿的文友也很多，社長請客同樣是「座上客」，可以相互寒暄，互道仰慕之情，氣味相投，久而久之變成知友，構築另一種「傳記互聯網」，倍覺熱情而親切。這些文友的人氣互動關係，可濃縮細述如下。

1. 張佛千（作家）

張氏與耘農常有往來，不僅是文字相知之交，也是

---

30 「自序」，沈雲龍著，《徐世昌評傳》（台北：傳記文學出版社，1979），頁 5

31 劉紹唐，〈敬悼本刊編輯顧問沈雲龍教授〉，《沈雲龍先生紀念集》，頁 181。

懷抱相同、意氣相許之交。張氏讚許耘農的文章，論史論人，平允周到，並譽之為「兩腳書櫥」，每有疑問，隨時可以電話請教。以製作「嵌名聯」在藝文界揚大名的張氏，亦曾為耘農夫婦（夫人名章萃）製一聯，賀其七十華誕。

　　名聲「章」明，開「雲」藏岫；

　　吉祥「萃」止，潛「龍」在淵。[32]

2. 陳紀瀅（作家）

　　陳氏認為，耘農是《傳記文學》最有力的撰稿人，也是 25 年來紹唐公私方面幫忙最多、最大的知友。在《傳記文學雜誌總目錄暨執筆人及篇名索引》中，耘農名下獨佔 10 頁之多，可知他寫作之勤與所知之廣。[33] 相較之下，吳相湘有 5 頁，唐德剛佔 6 頁，可見陳氏的說法，是有客觀數字作根據的。

3. 王開節（作家）

　　王氏與耘農相識雖近 40 年，相見卻不過 20 次，讚佩其閱覽既勤且廣，著述嚴謹，持論平正；惟常見大作，故形隔神通，為名教授，為名作家，信非偶然。而其篤於朋友之誼，性無崖岸，亦愛熱鬧。[34]

4. 王禹廷（作家）

　　王氏先認識劉社長，再輾轉認識耘農，對其長短篇

32　張佛千，〈雲老與我──敬悼沈雲龍先生〉，《沈雲龍先生紀念集》，頁 194-197。

33　陳紀瀅，〈敬悼近代史學家沈雲龍兄〉，《沈雲龍先生紀念集》，頁 200。

34　王開節，〈悼沈耘農兄〉，《沈雲龍先生紀念集》，頁 208。

文章及單行本，無不仔細拜讀，受益很大。本以為像他
這樣一位著作等身的大文豪，必是道貌岸然，等接觸後
卻是即之也溫。他為文論事，態度客觀，公正而持平，
絕不隨俗俯仰，也不故作阿諛偏頗之言。[35]

5. 關德辛（國大代表）

關氏指出，兩人相交 40 年，在青年黨同志中不算
最長，卻是莫逆之交。耘農的可敬、可愛處，是不擇
地、不擇時，當說的就說，富有中國讀書人「自反而
縮，雖千萬人吾往矣」的氣概。[36]

6. 阮毅成（中央政策會副祕書長）

阮氏與耘農有蘇北大同鄉之誼，同樣以為，耘農給
劉紹唐的助力以及對《傳記文學》所貢獻的心力最大。
阮氏曾在國民黨中央任要職，當耘農主持中央研究院口
述訪問時，曾帶兩位研究同仁訪問阮氏，可惜阮氏覺得
有許多事即使他親歷或知悉，仍不宜或不能在此時此地
完全說明，故不得不推諉或予隱諱，使訪客失望。這是
阮氏對耘老深感抱歉之事。[37]

7. 何慶華（旅美作家，著有《紅星下的故國》等書）

何氏在台灣娘家為她所訂的《傳記文學》上，發現
幾乎每期都有沈（耘農）先生的大作，有的討論一些不
太熟悉的近代史實或人物，有時雲老用他那支犀利的筆

---

35 王禹廷，〈敬悼沈雲龍先生〉，《沈雲龍先生紀念集》，
　　頁 211。
36 關德辛，〈今朝都到眼前來：悼念沈雲龍兄〉，《沈雲龍
　　先生紀念集》，頁 216。
37 阮毅成，〈敬悼沈雲龍先生〉，《沈雲龍先生紀念集》，
　　頁 222。

鋒，來回顧金圓券改革，來檢討中美外交關係。這種口
誅筆伐，言人所不敢言的作風，真讓讀者覺得痛快。[38]

8. 殷志鵬（旅美教授，著有《三地書》）

　　與耘農有兩面（「秀蘭小館」餐敘兩次，分由劉紹
唐和耘農作東）之緣的殷教授，與耘農早有神交，知沈
老青年時代即為一愛國不後人的「學運份子」，後來留
日學法，擔任過中學教員、政府公職和民選國會代表。
來台後，曾在報社主持筆政，並在數間大學任教。由於
傾心歷史，自學有成，寫了大量的論文，出版與編校幾
十種專書，成為名副其實，著述等身的文史專家。[39]

　　綜上所述，耘農與劉紹唐像一對志趣相投、合作無
間的兄弟、文友；耘農與《傳記文學》又是一種共存共
榮、榮辱與共、聲息相通、彼此相得益彰的合作伙伴。
這是藝文界難得一見的最佳拍檔，更是史學界少有的
圓滿組合。耘農得道者多助，他一方面有劉紹唐和《傳
記文學》這兩支「好人緣」穿雲箭相助，另一方面又有
紹唐的個人廣泛人脈和雜誌社、出版社兩隻草船可以借
箭，並展翅高飛，那可真是無往而不利。有了這一層網
絡的相助，更使得耘農的人氣指數直線上升，加上他個
人的勤奮努力，終於使他在文史學界、出版界締造輝煌
的成果（這些成果留待第八、九兩章介紹討論）。

---

38 何慶華，〈追憶沈雲龍老伯〉，《沈雲龍先生紀念集》，
　　頁 231-232。
39 殷志鵬，〈兩面之緣遙祭雲老〉，《沈雲龍先生紀念集》，
　　頁 281。

第三節　中研院的學術網絡

一、對前後兩任院長的褒與貶

中央研究院直屬於總統府，於民國 17 年（1928）6 月 9 日成立，為全國最高學術研究機構，其前後七任院長名單如下：

第一任　蔡元培（1927-1940）

第二任　朱家驊（代理，1940-1957）

第三任　胡　適（1958-1962）

第四任　王世杰（1962-1970）

第五任　錢思亮（1970-1983）

第六任　吳大猷（1983-1994）

第七任　李遠哲（1994-2006）

耘農做為一個關心國事，又喜歡舞文弄墨批評時政、月旦人物的知識人，興之所至，很自然的便扯上中研院的前後兩任院長，前任是胡適（1891-1962），後任是王世杰（1891-1981），一褒一貶，態度截然不同。相信耘農與前後兩任院長沒有深交，亦無私交，其所以如此，可能是觀感與作事風格之不同。

先說胡適，譽滿中外、舉世欽崇的大學者胡適，久居美國後於民國 47 年（1958）4 月應邀來台，將接任中研院院長。耘農在《公論報》（4 月 9 日）以不具本名，寫了一篇〈歡迎胡適之先生〉的社論。耘農的文章，分為兩部分，前一段對胡先生的過去備致推崇，認為他在學術上的成就，以及在中國新文化啟蒙運動中摧枯拉朽之功，迄今無人能望其項背。後一段，耘農對這位喜歡

談政治，卻無意參與實際政治，對權勢和名利看得恬淡的自由主義者，抱有很高的期待，希望他此番回國，面對當前渾沌困擾、鬱悶低沉的政局，不能完全保持緘默而袖手旁觀。[40] 一言以蔽之，這或許正是在野黨和一般關心國事的知識分子內心的一種自然投射和反應。

緊接著，耘農又在 4 月 16 日出刊的《民主潮》（8 卷 5 期）發表〈所望於胡適之先生者〉大文，對胡適提出三點殷切期待。茲分述如下：

1. 希望胡先生在民主思想與科學發展兩方面，繼續發揮領導作用。

2. 中央研究院是全國學術研究最高機關，必須保持客觀的科學態度和科學精神，才能夠實事求是，尋求真理，不致為絕對主義和權威主義所欺騙。

3. 值此政府正欲運用出版法之修改，期以嚴刑峻法箝制言論自由之際，希望胡先生能本其民主信念，發抒讜論，並運用其智慧，以斡旋氣運，澄清困惑。[41]

其後，耘農在《傳記文學》發表一系列胡適與當代名人的來往書信輯註約 20 餘篇，並論其為人與治學，在此不贅述。

耘農治史論史，範圍寬宏，自然兼及外交。適中研院第四任院長王世杰曾擔任過外交部長（1945.7-1948.12）。耘農曾於《傳記文學》撰〈三個中俄友好同盟條

---

40 沈雲龍，〈歡迎胡適之先生〉，收入沈著，《耘農七十文存》，頁 284-286。

41 沈雲龍，〈所望於胡適之先生者〉，《耘農七十文存》，頁 286-288。

約的歷史教訓〉（36 卷 4 期）大文，耘農（編輯顧問）在「主題說明」中對三個友好同盟有簡單歷史性的回顧和感嘆：

「三個中俄友好同盟，其共同假想敵都是日本，惟李鴻章雖昏庸愚昧，但中俄密約（1896）之簽訂，尚可說有其時代背景。當年日本覬覦我國東北，圖我甚急，馬關條約就有割讓遼東半島擬議，最後以俄國（德、法）出面干涉還遼，『仗義相助』之舉，始保全東北半壁江山。最不可思議的是，第二個中俄『友好』條約，簽訂於日本無條件投降之際，即假想敵已不存在。第三個『友好』條約，簽訂於日本解除武裝置於同盟國共管之期，即假想敵已無侵略之力。儘管時移勢轉，但第二個、第三個中俄『友好』條約，仍簽署於白紙之上，令人擲筆慨嘆！」[42]

接著，耘農以春秋之筆，直接劍指當年的前後任外長宋子文、王世杰對歷史知識的貧乏，不僅對李鴻章所簽訂的中俄密約，未能引以為戒，即於民國以來帝俄、蘇俄對華的種種侵略，亦似茫然無知，以致重蹈覆轍。不過，宋子文寧辭外長而不願自己簽字，以免後世唾罵，總算是聰明的。而王世杰所簽之約，不但不能保障三十年之和平，而且立即嘗到外蒙古投票獨立的苦果，以及東北和全國之淪陷斷送。[43]

---

42 編者，〈「三個中俄友好同盟條約的歷史教訓」主題說明〉，《傳記文學》，36 卷 4 期（1980.04），頁 10。

43 沈雲龍，〈三個中俄友好同盟條約的歷史教訓〉，《傳記文學》，36 卷 4 期（1980.04），頁 21-22。

　　本段的目的，僅在介紹耘農對三個中俄「友好」條約的評斷以及對簽約人王世杰處理本案的看法，並不討論其對錯與是否客觀的問題。再者，王世杰個人留有日記，我們不妨看看王氏處理本案的前後回憶，讓雙方有個各自表述的機會。

　　王世杰自莫斯科返國後，有一連串向蔣中正先生、國防最高委員會、參政會、立法院等單位匯報的過程。

　　8 月 22 日，蔣約集各位院長及政府中重要官員十餘人至黃山開會，由王世杰報告簽約經過及約文詳細內容。王謂：「三年以來，予所旦夕憂慮者，為抗戰雖勝利，東三省仍不能收回。此約之訂立可以保全東三省，在座諸人均對此事無異議。」

　　8 月 24 日，晨，國防最高委員會及中央常會開聯席會，討論中蘇條約，蔣親自主持（立法院委員亦均列席）。王謂：「此約之訂立，雖使吾人對於實際上業已脫離中國統治二十餘年之外蒙，不能不承認其獨立，但戰事結束後三個月內蘇聯依約不能不自東三省撤退。對於旅順及中東、南滿兩路，余雖有所讓步，但範圍有限，東三省之主權可以收回。」

　　蔣先生請大家起立表決，結果全體一致起立。

　　旋復開立法院會議，孫科院長主席，討論亙三小時之久，議論頗紛歧，呂復、衛挺生等均反對，但最後起立表決時，亦只數人不贊成。

　　午後 5 時，參政會駐會委員會開會，王復出席報告，亦有若干人表示不滿，但多數人仍主批准，左舜生、傅斯年等均贊成批准。遼寧錢公來尤熱烈，至向王

氏呼萬歲，謂為東三省之救星。[44]

　　再有，兩岸學者研究宋子文的有復旦大學的吳景平與中國文化大學的陳立文。兩人皆參考過美國胡佛檔案館珍藏之「宋子文檔案」。陳立文著有《宋子文與戰時外交》專著。茲引述陳著部分結論如下：

1. 中蘇友好同盟條約之簽訂，對中國造成之影響至大。譽之者一致交相讚許，稱此約為「新時代的創作」、「創造世界和平之新猷」、「中蘇友好之明證」。

2. 但當蘇俄於戰後盤據東北，不肯撤兵，甚且將東北之日產設備，乃至兵工器材轉交中共，致使中共坐大叛變，當時接收東北諸人欲自條約中尋求有利於中國之根據而不可得，乃轉而交相指責，謂簽約諸人一心速簽條約，不計細節；而後人亦不察蘇俄之背約行為，以為乃中蘇友好同盟條約所允蘇俄之特權，而對此約痛下針砭；甚至責備宋、王簽訂賣國條約。

3. 中蘇友好同盟條約乃一先天不足、後天失調下被迫訂立之約。所謂先天，是指雅爾達密約的限制與美國的干涉；所謂後天，乃指蘇俄的強迫和蘇軍陳兵東北的壓力。中國在此雙重壓力下，不得不簽訂此約，實有力不從心之感。而負責談判的宋子文與簽訂此約的王世杰，更有其不得不簽的環境和苦心。[45]

---

44 林美莉編輯校訂，《王世杰日記》（台北：中央研究院近代史研究所，2012），上冊，頁726-727。

45 陳立文，《宋子文與戰時外交》（台北：國史館，1991），頁326-339。

　　有趣的是，自耘農於《傳記文學》（36 卷 4 期）
拋出王世杰與三個中俄「友好」同盟條約的討論後，迴
響十分熱烈，先後有王天成、廖頑石、倪渭卿、王學
曾、楊元忠、蔣永敬等人，以書簡或專文的方式，參與
爭論，一者足證耘農洞燭人心，具有開發新議題的先見
之明，一者可見《傳記文學》廣受讀者重視閱讀，具有
高度人氣的網絡。李敖在《蔣介石研究》書中，亦有專
文大批王世杰賣國。[46] 限於篇幅，這些各說各話、爭論
頗多的迴響，無法在此詳述。

二、主持近史所口述訪問的網絡

　　中央研究院近代史研究所於民國 44 年（1955）
2 月創立後，首要工作除了整理外交部移交的檔案外，
還推動口述歷史的訪問工作，分出部分人力訪問民國時
期軍政、財經、文教等界有重要經歷之人物，請其口述
生平經歷、見聞，再由年輕同仁錄音整理。

（一）與美國哥倫比亞大學的合作關係

　　談近史所的口述歷史（oral history）訪問工作，必
須提到在哥大任教的何廉教授。何廉（1895-1975），
湖南邵陽人，早年留美獲耶魯大學經濟學博士，曾任南
開大學教授兼財政系主任、南開大學代理校長；抗戰前
後以學人從政，出任行政院政務處長、經濟部次長兼農

---

46 請參閱李敖，《蔣介石研究》（台北：李敖出版社，
　　1987），第 4 集，頁 187-208。

本局局長，大陸淪陷後，應哥大之聘，任經濟系及東亞研究所教授。在他的建議下，於民國45年（1956）與韋慕庭（Martin Wilbur）教授共同主持「中國口述歷史計劃」，先後訪問胡適、顧維鈞、蔣廷黻、張學良、李宗仁等人，對中國現代史資料之蒐集與收藏有重要之貢獻。[47] 透過何廉的牽線，民國50年（1961）與近史所建立雙方合作關係，由對方提供大約一萬元美金的經費與近史所，在台灣推動口述訪問工作，近史所在完稿後送哥大一份複本。這筆經費對當時經費短絀的近史所，無異是一筆活水。自民國51年（1962）起，近史所再接受美國福特基金（Ford Foundation）兩期為時十年的資助，故能有計劃的推動口述歷史訪問工作。

（二）沈雲龍扮演的角色和貢獻

近史所的口述訪問工作，並沒有嚴格的分工，主持人是郭廷以（量宇），他早年參加過北伐時期的政治文宣工作，所以訪問與北伐相關的人物比較多。他與胡宗南比較熟，也訪問胡的一些朋友。郭先生若自己忙不過來，有時也指定王聿均、李毓澍、張朋園等人主持或參加訪問，大致以所內的專任研究人員為主。

耘農在早期是所裡唯一從所外請來協助的客卿。他在所裡沒有任何正式名義，既非專職，亦不是如胡秋原、張貴永等人的兼任研究員。他是臨時約聘的客卿，

47　〈張朋園先生訪問紀錄〉，收入《郭廷以先生門生故舊憶往錄》（台北：中央研究院近代史研究所，2004），頁268。

甚至連一紙聘約都沒有的「客人」。一直到梁敬錞任所長時才彌補了這一項缺憾！並不是郭先生故意怠慢客人，而是他有不得不然的苦衷。事情的源頭，大概是耘農寫文章時對王世杰院長有不敬之處（應非前述〈三個中俄友好同盟條約的歷史教訓〉大作）。可憐不是冤家不聚頭，處此艦尬境遇，耘農頗有「我本將心對明月，奈何明月照溝渠」的無奈感！

耘農雖以客卿身分，含忿忍辱，在近史所主持口述歷史訪問工作，自民國 49 年（1960）開始，至民國 61 年（1972）工作停止，前後長達 12 載有餘。茲將他主持的受訪者已出版紀錄開列如下，並註明出版時間於後：

凌鴻勛（1982）　　周雍能（1984）　　王奉瑞（1985）

王鐵漢（1985）　　于潤生（1986）　　劉景山（1987）

齊世英（1990）　　劉航琛（1990）　　鍾伯毅（1992）

傅秉常（1993）　　萬耀煌（1993）　　張知本（1996）

關德懋（1997）　　劉承漢（1997）等人

另已訪問完畢，惟訪問稿尚未出版者有丁治磐、張維翰、田培林、趙恆惕、何成濬、石敬亭、秦德純、熊克武、孫連仲、李文彬、張其鍠夫人、黃膺白夫人、陳言、王戀功、劉汝明、李品仙、邵百昌、雷殷、黃季陸、董彥平、張果為、黃恆浩、文群、龔浩、阮毅成等數十人。累積之訪問紀錄達四、五百萬字之多。[48]

---

48 陳三井，〈沈雲龍對口述歷史的貢獻〉，《僑協雜誌》，186 期（2021.05），頁 63-67。

三、耘農在近史所的人際網絡

　　耘農每週固定從杭州南路住處搭中研院交通車到南港上班兩次，中午即搭車歸府。他上班時間不長（改稿、核稿時間主要在家工作，領的是福特基金最低層級的補助，大概月支新台幣 1,600 元）。雖然，耘農在名義上和待遇上沒有獲得較為滿意的尊重和報酬，但他的精神上卻是愉快的，一方面他可學以致用、發揮所長，將個人治史與訪問工作結為一體；一方面在中研院和近史所除擁有豐富的近代史資料供他挖掘和運用之外，這裡還有不少與他志同道合的年輕「粉絲」喜歡他、歡迎他，聽他論史或月旦人物，甚至高談闊論待人處世哲學。

　　茲將耘農與近史所幾位重要人士的認識交往過程，擇要敘述如下：

（一）與郭廷以所長談入所待遇問題

　　耘農在〈敬悼郭量宇先生〉（《傳記文學》，27 卷 5 期）一文中，有幾點重要回憶：

（1）對郭在史學界的聲望，認為決非「浪得虛名」。但民國 38 年（1949）郭的某次公開演講，卻因聽眾過於擁擠，距離過遠，而半途退場，無緣相識。

（2）兩人的相識，係透過近史所兼任研究員胡秋原的介紹。耘農對郭的印象是：面容嚴肅，深沉而又拘謹，但話匣子打開，卻又熱情洋溢，好像多年老友似的，而且不以自己當年名列「黨錮」

為嫌。

（3）郭提出有意邀耘農至近史所佐助，耘農率直相
告，他現任國大代表，每月支領公費，不便擔任
公家機關專任職務，因薪給及食物配給僅可拿一
份，且住家距離南港過遠，來往費時，無法經常
上班。郭表示，他將在兼任研究員或兼任副研究
員之間，作一考慮。

（4）其後，郭曾數次向耘農表示歉意，說明癥結所
在。而耘農則總是把話題岔開，不願答腔。耘農
了解，在學術派系南不敵北的傳統形勢下，郭出
身南高形同孤立，只好隱忍而不對抗。[49]

郭廷以（左）與
沈雲龍（右）。
筆者提供。

（二）梁敬錞所長補發聘書

　　梁敬錞（1971.6-1973.8）是近史所的第二任所長。
他早在民國 37 年（1948）大陸未淪共前赴美，在海外
羈棲 18 年之久，始於民國 54 年（1965）應最高當局之

---

49 沈雲龍，〈敬悼郭量宇先生〉，《傳記文學》，27 卷 5 期
　　（1975.11），頁 43-48。

召返台，其主要任務在「承命」研究撰寫「史迪威事件」，因而禮遇極為優渥，不僅住行均有妥適安排，即外交部檔案、大溪檔案等向不輕易公開示人者，亦任其自由調閱及抄錄。這份榮遇，在國內史學界幾乎沒有第二人能夠享有。

耘農和梁氏有一段「文字因緣」。約在民國 40 年（1951）左右，梁以筆名「萍客」在香港《天文台》撰寫戰時中美外交關係與民國史實的專文，分析精微，立論獨到，且多道人所未道，引發耘農興趣，幾經探詢，始知「萍客」即為梁的筆名，益覺心儀其人，及至民國 49 年（1960），耘農在《新中國評論》刊載《黃膺白先生年譜》，亦蒙梁老垂青，從美國來函詢問資料來源，於是有後來之識荊。[50] 梁氏之接任近史所所長，《傳記文學》「野史館」館長劉紹唐暨「後野史亭」主人沈雲龍兩人不無勸駕之功。

據陶英惠回憶錄載，民國 60 年（1971）3 月 16 日晚，陶應邀到沈府談話。沈說，梁與錢思亮院長之封翁鴻業先生，係法界老友，錢院長已拜訪過梁老兩次，堅請主持近史所，梁老已允為考慮，乃問計於沈，沈將近史所內情形據實以告，恐未必詳盡，故又召陶詳談。陶認為所內人事複雜，恐難相處；而且福特基金會補助即將結束，經費有限，同仁之生活將面臨困難，如何約束使之安心研究，亦成問題。陶意為近史所前途計，由年

---

50 沈雲龍，〈敬悼史學前輩梁和鈞教授〉，《傳記文學》，44 卷 4 期（1984.04），頁 21-22。

高德劭之梁老出任所長，應為適當人選；但為梁老個人
計，恐將得不償失，蓋以望八之高齡，再蹈入火坑，天
天與後輩相周旋，若能相安無事固好，否則有損令譽。
沈自謂長於調和，顯有出山相助之意。沈又提議，可否
先由梁老接任所長，過渡一個時期，再委任某人為副
座，進而扶正。[51] 足見耘農促成此事之用心。

梁老之接任近史所所長，除因所內人事糾紛、世代
鬥爭，逼得錢思亮院長不得不從圈外覓人外，耘農與劉
紹唐兩人的熱心促成不無關係。耘農的介入想調和兩端
已見上述，紹唐發行人更主動做了一件圈外人至今可能
不知曉的事情。陶英惠的回憶錄給我們留下詳實而生動
的敘述。

「7 月 12 日（梁已上任後），到國賓飯店赴劉紹
唐晚宴，到後方知為梁和老祝九十大壽，他（指劉紹
唐）送一銀盾，中書『史學泰斗』，署名者乃紹唐擅自
所加，並未先徵求同意，有李璜、黃季陸、沈雲龍、李
國祁、張玉法、蔣永敬、陳三井、張朋園、呂實強和
我。玉法見之（銀盾）不悅，但未表示意見，朋園立即
要走，經三井婉勸留下。玉法、朋園皆不吃蛋糕、壽
桃，李璜、黃季陸都是元老輩，亦似有不悅之色。紹老
事先未知會署名人，十分不妥！」[52]

及至梁接掌近史所所務，發現耘農在所裡的不合常
理地位（僅有個人口頭承諾，而無任何聘約），遂補發

---

51 陶英惠，《往事不能如煙：陶英惠回憶錄》（台北：秀威
資訊科技，2020），頁 171。
52 陶英惠，《往事不能如煙：陶英惠回憶錄》，頁 177。

一紙聘約。事實上，耘農以客卿身分，在近史所主持口
述歷史訪問，純係基於研究興趣，並不深較名義。[53] 倒
是梁所長發給耘農的這張聘約，上書「茲聘沈教授雲龍
主持本所口述史事務，此聘。所長梁敬錞。」頗有可以
推敲之處，一者這是梁所長的一時權宜之計，並未徹底
解決耘農所希望的正名問題（如兼任研究員、副研究員
才是本職，本未先立，以何身分主持？）再者，此亦非
正式聘約，按中研院的規定，正式人員之發聘，通常皆
由院長具名（不管專、兼任），而且註明起訖時間與相
關規定。足見此聘約簡單而草率，並不具任何效益，無
非是還人情，以為可滿足對方的一張空頭支票。

　　關於耘農在所中身分和地位，經兩造多次說明並未
完全將事實釐清。綜郭先生為體恤若干「客卿」，從胡
秋原、陶振譽、張貴永到沈雲龍等，特在福特基金會計
畫項下，訂定這幾位客卿亦可納入專題申請，每月另
支一定之研究補助費。問題出在這幾位「大佬」級的客
卿，每年每月補助費照領，研究報告卻一拖再拖交不出
來。前帳未清，按規定即不得再參加下年度研究計畫，
也不再支領研究費。郭先生為此成為受氣包，兩邊不討
好。請看郭先生民國 56 年（1967）2 月 1 日日記：「沈
雲龍參加專題報告研究四年有半，迄未完稿，照例不便
繼續補助，擬於口述史計劃下另為設法，竟引起其不
快，對謝文孫大發牢騷。余考慮後，託文孫轉勸，代為
說明一切，其意仍在計較補助之多少，而於自己工作則

---

53 沈雲龍，〈敬悼史學前輩梁和鈞教授〉，頁 22。

不反省。年來此公不時惹事生非，王雪艇（世杰）早有
煩言，均賴余為之挺也。甚已，人之厚於責人也。」[54]
郭師常為福特基金擺不平而受謗，故有「成也福特，敗
也福特」之嘆！

（三）張朋園論耘農的尷尬地位

　　張朋園是郭所長的愛將兼得意門生，算的上資深研
究人員，也參與過口述訪問。他這樣回憶：

　　「沈雲龍是青年黨人，但本身並不是學歷史的，但
對近代史很有興趣，寫了不少有關近代史的書籍。近史
所成立時，他也是一位研究現代史的名人，所以近史所
開始做口述歷史時，郭先生請他來領導，因為有時我們
不知道如何對受訪者提出問題，需要一位有經驗的人來
帶領我們。不過沈在近史所的身分有些尷尬，他是國大
代表，但在近史所既不是專任也不是兼任研究員，只是
聘用人員，拿些車馬費。」[55]

　　足見，郭師與耘農之間的矛盾關係，除了名器一節
外，還有專題補助一層的物質和現實關係，雙方均有當
面噤口不說的「偽君子」作風，故愈演愈烈，終於步上
分手不合作的境地。拙編《走過憂患的歲月——近史所
的故事》暨張朋園所著《郭廷以、費正清、韋慕庭：台
灣與美國學術交流個案初探》兩書，於福特基金的來龍
去脈以及對近史所發揮的功能有較完整的交代，請讀者

---

54 郭廷以，《郭量宇先生日記殘稿》（台北：中央研究院近
　　代史研究所，2012），頁 706。
55 〈張朋園先生訪問紀錄〉，頁 269-270。

參閱。

　　當郭、沈兩人之間發生一些誤會或不愉快情事時，張朋園常扮演和事佬的角色，予以化解；不過，當近史所要訪問黃膺白夫人時，卻疏忽未知會正在撰寫「黃膺白先生年譜」的耘農，直接由張朋園去與黃夫人聯繫，讓耘農倍覺有不受尊重的滋味，連帶對郭先生和張朋園兩人的處事作風，大表不滿。[56]

（四）張玉法懷念沈雲龍

　　張玉法是近史所第五任所長（1985.8-1991.7），他是郭先生在師大史地系教過的得意門生，初進所時先做檔案標點、報紙資料檢選、史料調查等工作，也曾追隨沈雲龍先生訪問過丁治磐（曾任江蘇省長），惜未成功留下紀錄。

　　入近史所，張玉法讀到沈先生的第一本書是《中國共產黨之來源》，這是他探求中國現代史真相的入門書。據耘農自謂，為了這本小冊子，給自己帶來不少麻煩，不但住家附近經常有神秘人士走動，監視他的行蹤，而且多次應邀到警備總部吃飯答詢。在張玉法回憶裡，沈先生在近史所行走十多年後，後來就不來了。有人說，因為他是青年黨人，所以有關方面不希望中研院聘用他。沈以後做了「傳記文學社」的編輯顧問，劉紹唐好客樂於交朋友，常約請近史所部分同仁餐敘，而沈

56　〈陳三井先生訪問紀錄〉，收入《郭廷以先生門生故舊憶往錄》，頁106。

先生也必是座上賓。劉、沈兩位前輩都是健談的人，話題就向桌上的菜一樣，葷素都有。[57] 這種請客、交際和談話，何嘗不是廣結善緣，促進人際網絡的一種好手段。

（五）「亦師亦友」陳三井論沈雲龍

　　筆者是近史所第六任所長（1991.8-1996.7），初進所便追隨耘農等做口述訪問工作，先後訪問過周雍能、張廷諤、雷殷、李文彬、劉士毅等受訪者。與耘農一生互動極多，有「亦師亦友」長期交往親密關係。在《傳記文學》刊物上曾發表過〈沈雲龍研究近代中國史的一些波瀾〉（90 卷 4 期，2017.04）、〈敬悼「後野史亭」主人沈雲老〉（91 期 4 期，2007.10）。另有一篇傳略〈史學家沈雲龍傳略及其著作〉，刊於近史所發行的《近代中國史研究通訊》（第 2 期），又在近史所出版的《郭廷以先生門生故舊憶往錄》（口述歷史叢書84）中，大談「我所知道的沈雲龍先生」，篇幅較多，在此無法一一轉錄，請讀者參閱。

　　針對本小節主題，筆者願就記憶所及，略述如下。
（1）耘農每次到所，門庭若市，因為他隨和、爽朗、能言善道、談鋒健，所以許多同事喜歡來串門子，找他砍大山。上自國家大事，下至學術界奇聞妙事，他都毫無保留的暢所欲言。經常登門的

---

57 張玉法，〈紀念沈雲龍教授逝世二十週年：懷念沈公雲龍先生〉，《傳記文學》，91 卷 4 期（2007.10），頁 66-67。

　　有李念萱、賈廷詩、史靜波、許大川等年輕同
　　仁，可見其人緣之好。

（2）耘農待年輕晚輩厚道，除了生活上和工作方面
　　的照拂之外，亦包括資料上的無私和研究方向的
　　指引。

（3）他有許多常掛在嘴邊的「名言」：
　　「見大官則藐之」；
　　「三混主義：混時間、混鈔票、混稿費」；
　　「有機會到處冒，別人便不敢輕視你」；
　　「為文，先從短篇小文章開始，再逐漸寫長篇
　　大論」；
　　「為人精明而不流於尖刻，如果能得著三分厚
　　道，那處世待人將無往而不利」。[58]
　　這最後一句，大概也就是耘農的處世待人哲學。

（六）林忠勝印象中的沈雲龍

　　林忠勝於民國 53 年（1964）自師大歷史系結業，
民國 58 年（1969）7 月辭去教職入近史所，追隨耘農
從事口述歷史訪問，其後在宜蘭創辦慧燈中學並創設
「台灣口述歷史研究社」，訪問台灣名人高玉樹、陳逸
松、朱昭陽等。

　　林忠勝筆下對耘農的印象是「交遊廣闊，博聞強
記，著作等身，十分適合做口述歷史」。他追隨耘農，
先後訪問了齊世英、張果為、方聞、王鐵漢、關德懋、

---

58 〈陳三井先生訪問紀錄〉，頁 102。

梁敬錞等先生。[59]

總之，所謂「南港學派」的主人，從創所所長郭廷以到王聿均、呂實強、張玉法等幾位所務負責人，對曾經主持本所口述訪問的客卿耘農，都十分尊重。自民國 66 年（1977）開始至民國 76 年（1987）雲老逝世為止，近史所凡有舉辦重要學術研討會，必邀先生出席與會，並且奉為上賓。在前後近十次研討會中，耘農並沒有提過論文宣讀，但擔任過四次評論人，先後評論過王聿均（二次）、趙中孚與筆者。評論時十分認真，有褒有貶，登出來的評論稿往往佔了十八開論文集達二、三頁之多，絕不敷衍了事。他竟稱呼筆者為「我的朋友陳三井」，對個人所提有關上海的不成熟論文語多溢美之詞，令人倍覺汗顏！。[60]

沈雲龍在近史所舉辦的「抗戰前國家建設史研討會」上發言，民國 73 年（1984）8 月 17 日。筆者提供。

59 〈林忠勝先生訪問紀錄〉，收入《郭廷以先生門生故舊憶往錄》，頁 422。
60 陳三井，〈敬悼「後野史亭」主人沈雲老〉，頁 60-61。

餐敘合影，前排左起：陳存恭、章萃、沈雲龍、劉鳳翰。後排左起：林泉、陶英惠、嚴錦、陳三井。作者提供。

左起：沈雲龍、劉鳳翰、陳捷先、陳三井，同訪南園合影。筆者提供。

餐敘合影，左起：張俊宏、黃福慶、黃慶中、陳三井、章萃、劉鳳翰、沈雲龍、陶英惠、申淑雲、林能士、陳存恭、林忠勝、嚴錦。筆者提供。

餐敘合影，前排
左起：林泉、沈
雲龍、章萃、陳
三井。後排左
起：陳存恭、劉
鳳翰、嚴錦、陶
英惠。筆者提供。

餐敘合影，中坐
者左起：沈雲
龍、孔德成、劉
紹唐。站立者左
起：陶英惠、林
泉、張玉法、李
雲漢、王曾才、
呂實強、蔣永
敬、陳三井。筆
者提供。

第四節　國史館與黨史會的學術網絡

　　國史館設立於民國元年（1912），遷台後自民國
58 年（1969）起，由黃季陸繼任館長，以徵集史料與
編纂《中華民國史事紀要》，並刊行國民政府公報、編
輯褒揚令為重點工作，與遷台後羅家倫（志希）出任主
任委員的中國國民黨黨史資料編纂委員會（簡稱黨史
會），同為重要的黨政史料典藏與編纂機構，亦是耘農
注目與關懷的兩個史政單位，更是耘農蒐集檔案史料，
有機會揮灑史才的重要舞台。有趣的是，耘農對兩個單

位的負責人黃季陸與羅家倫亦是一褒一貶，對前者客氣禮遇，對後者嚴厲批評，一如前述針對中研院前任院長胡適與王世杰同出一轍。

一、黃季陸與國史館

　　黃季陸（1899-1985），四川敘永人，早年留學日本與加拿大，抗戰期間曾出任川大校長，來台後，歷任內政部長、考選部長、教育部長，民國 58 年（1969）繼羅家倫之後接任國史館館長。黃氏大肚能容、笑口常開，素有「彌勒佛」之稱。他掌國史館時，以「公開史料，鼓勵研究」為目標。自《傳記文學》創刊後，他也常在雜誌上發表文章，主要著作有《國父軍事顧問——荷馬李將軍》、《劃時代的民國十三年》、《國父的偉大及其革命志業的繼承》、《黃季陸先生懷往文集》等書。

　　民國 74 年（1985）4 月黃館長逝世後，耘農即在《傳記文學》撰〈追憶光風霽月的黃季陸先生〉一文，以示追悼。文章甚長，茲摘述要點如下。

（1）耘農回憶，他知黃季陸先生大名甚早，即民國 16 年（1927）黃氏與青年黨的李璜（幼椿）同在武漢大學任教，以反共之故，同被武漢國民政府下令緝拿，曾聽幼椿先生說過這段往事。

（2）兩人來台後，約當民國 46 年（1957）左右，耘農曾在《民主潮》雜誌發表有關西山會議派反共的經過之文章，對鄒魯、林森、謝持、居正之反共先覺的意見，未能獲致成功，反而引發國民黨

內左右派的分裂與對立深表惋惜。這一件歷史公
案的追述，竟引起有關方面的最高機關注意，於
是交由季陸先生審查。黃氏當年即是西山會議派
的秘書長，在他的過訪、解釋下，便輕描淡寫地
將此一事件化解，兩人並自此結為忘年之交。

（3）次年（民國 47 年〔1958〕）夏，行政院改組，
黃氏由政務委員轉任考選部長，耘農在 7 月 23
日的《公論報》，以〈所望於黃季陸先生〉為題
的一篇社論中，特別推崇黃氏之才幹與開明，絕
非置諸閒散之地，因其乃「執政黨革命歷史較久
之先進同志中，較具反共先知卓識極少數之一
人」。結果，另一為西山會議派要角（曾任宣傳
部長），時任東吳法學院教務長之桂崇基，即枉
駕沈寓，邀耘農前往東吳擔任中國近代史教授。

（4）民國 65 年（1976）5 月，黃氏時任國史館館長，
應邀出席《傳記文學》主辦的「每月人物專題座
談會」，主題是胡漢民。黃氏在發言中特別提
到，「談反共而忽略了胡和西山會議這些人的奮
鬥和影響，則是歪曲了歷史的真相。……到台以
後，第一篇對西山會議比較公平客觀完整的論
述，還不是出諸黨內人士，而是黨外的沈雲龍先
生。沈先生這篇文章當年還是我曾『細校』過。」
黃氏說得很技巧，以「細校」代替了「審查」，
也不在意沈文某些露骨的批評。

（5）在黃氏擔任國史館館長期間，曾與黨史會合作，
成立中華民國史料研究中心於新店青潭，每月舉

辦學術討論會，邀請中外近代史學者擔任主講。
民國 63 年（1974）10 月 23 日，耘農應邀主講
「黃膺白先生的生平及其識見」。最後，季陸先
生總評指出，耘農不僅治現代史很有成就，同時
也是研究人物傳記方面的權威。

總結此文，耘農除了回眸與黃氏兩人君子交往的往
事之外，特別讚揚季陸先生為革命家，而晚年有功於史
學界，更是馳譽中外。尤其對耘農之期勉，不因黨籍不
同而有所歧視，幾三十年如一日。其胸懷坦蕩，學養淵
深，好似霽月光風，使人矜平躁釋，而且健於談論，妙
語解頤，民主風度，不尚做作，一洗官僚陋習，不失讀
書人本色。[61]

二、羅家倫與黨史會

羅家倫（1897-1969），字志希，原籍浙江紹興，
生於江西。民初，先入上海復旦公學，後進北京大學文
科，與傅斯年、顧頡剛、段錫朋等鼓吹文學革命及新文
化運動，係五四運動主角之一。自留美、留歐回國後，
歷任清華大學、中央大學校長、駐印度大使；來台後，
先後出任考試院副院長、國史館館長、黨史會主任委
員。著有《新人生觀》、《科學與玄學》、《逝者如斯
集》等。

耘農與羅家倫曾有一段文字論爭，亦即打筆戰。緣

---

61 沈雲龍，〈追懷光風霽月的黃季陸先生〉，《傳記文學》，
　46 卷 5 期（1985.05），頁 10-13。

民國 48 年（1959）2 月 12 日，係國民黨元老戴季陶逝
世十週年之期，時任黨史會主委和國史館館長的羅家
倫，在當天的《中央日報》發表〈我所認識的戴季陶先
生〉一文，提到當年西安事變發生的消息傳到南京時，
國民黨中央召開緊急會議，經過十多小時反覆討論仍無
決定。最後戴先生慷慨陳詞，主張下令討伐張學良，獲
得一致通過。羅先生在文章中有這樣說法：

　　「這是一件歷史上重大決定，本著『喪君有君』的
春秋大義；也是明代于謙（忠肅）挽回『土木之變』，
成為一代社稷名臣的見解與風骨，不是真正的讀書人，
決不能有此膽識。……這件事使季陶先生永垂不朽！」

　　耘農閱報後，覺得與事實尚有出入，比喻亦不甚妥
切，即在《公論報》發表一篇社論，題為，〈從一篇紀
念文章說起〉，指出羅文有兩點值得商榷之處。第一，
民國時代，不能動輒以「君」相看待；第二，以于謙比
喻戴季陶，西安事變比之土木之變，亦有頗多不能相提
並論之處。（詳細內容在此不重述。）

　　最後，耘農為文不改其幽默與辛辣文風，一時興
起，特別強調說，紀念文若出之於一知半解之普通人
的觀點，便無足深責，然而竟出現於堂堂國史館館長
的大文，真不知道筆者心胸中有幾許民主意識？以一
個在五四時代從事「科學」與「民主」運動的健將，
事隔 40 年，似乎對於專制時代的君臣觀念，還是非常
的依戀。[62]

---

62 沈雲龍，〈病中雜記：有感於羅家倫與公論報的一場論

　　社論文章通常並未署名，故無人知道這是出自耘農的如椽大筆，但故事尚未結束。據聞，羅家倫適在台中草屯視察荔園史庫，並舉行興建史庫大樓破土儀式，閱報後特自台中趕回台北，於 2 月 23 日在《中央日報》發表〈徵引史實和接受歷史教訓〉一文，同時致寄《公論報》記者先生一封長信，做為答辯。耘農因病在空軍醫院住院三星期以後，用本名寫了一篇〈病中雜記：有感於羅家倫與公論報的論辯〉，於 5 月 16 日在《民主潮》（9 卷 10 期）發表。文中對於羅氏在當今提倡君臣一倫，認為近於盲人說瞎話，非常好笑。此次筆戰，就這樣落幕。

　　耘農復憶及，那年雙十節，羅先生主編《國父年譜初稿》剛出版，耘農即發現從校對、標點、人名、史實到缺漏之誤，即共有 28 條之多，收錄在其所著《近代政治人物述平》增訂本（文海出版社）中，以後年譜的二稿、三稿相繼校正改版，可見主編的人尚有從善如流，不堅持己見的雅量。

　　黨史會所出版的《國父年譜》初稿上下二冊，除了耘農列舉的上述種種錯誤外，亦有羅剛教授特刊行《國父年譜糾謬》一書。據蔣永敬回憶，羅剛之書指出錯誤百餘處，並向國民黨八全大會（預計於民國 52 年〔1963〕11 月舉行）散發，亦呈請蔣總裁，建議毀版。蔣總裁下令交付審查，事態嚴重。幸其後經蔣永敬、

───────────

　　辯〉，原載《民主潮》，9 卷 10 期，收入沈雲龍著，《耘農七十文存》，頁 428-439。

李雲漢等人就初稿作全盤之考訂，並就黨史會原始資
料作大量之補充，始有較令人滿意之版本，風波亦告
平息。[63]

　　最後，黨史會在秦孝儀（心波）擔任主任委員（1976-
1991）的 15 年期間，係眾所公認的「黃金時代」。在
這一段時期，它的國際聲望達到頂峰。在副主任委員李
雲漢的全力輔助下，在國內外史學界嶄露頭角，與國史
館、中央研究院近代史研究所同被認為是中華民國近現
代史研究的重鎮。

　　秦主任委員做事有魄力，大開大闔，除了創辦刊
物，出版史料、工具書和叢書，功在史學外，亦登高一
呼大力推動，並得到國史館、中央研究院近代史研究
所、政治大學國際關係研究中心、中國歷史學會等單位
的支持，召開大型的國際學術討論會，從「中華民國建
國史討論會」、「中華民國歷史與文化學術討論會」、
「孫中山先生與近代中國學術討論會」、「辛亥革命與
南洋華人研討會」到「蔣中正先生與現代中國學術討論
會」，大大提高了中華民國在國際上的能見度。身為近
代史學圈一員的耘農，他的滿頭白髮身影，不斷地出現
在圓山大飯店、陽明山中山樓和中山南路的國家圖書館
之間，甚至僕僕風塵於台北與高雄的高速公路上，共同
為近代史學的精進，再創高峰而鞠躬盡瘁。[64]

---

63 蔣永敬，《九五獨白：一位民國史學者的自述》（台北：
　　新銳文創，2017），頁 64-65。

64 參閱李雲漢撰，〈秦心波先生與我〉，陳三井撰，〈燃燒
　　自己，照亮別人：略論秦孝儀先生對近代史界的貢獻〉，
　　收入《秦孝儀先生紀念文集》（台北：廣達文教基金會，

第五節　國際關係研究中心的學術網絡

國際關係研究中心的前身，是國際關係研究會，再是國際關係研究所，向教育部立案，原是一個以研究中國大陸問題為核心的單位，後來擴充為包括國際、俄情、經濟、邊疆等研究組的學術機關，民國 53 年（1964）由東南亞史專家吳俊才擔任主任。

民國 59 年（1970）4 月，國關所喬遷木柵萬壽路新址後，更具規模，環境幽美，人才鼎盛。除原設各研究組外，並配備有編譯、資料、出版、合作交換等業務組，並依研究性質，出版《匪情月報》、《問題與研究》，英文版 *Issues & Studies*、日文版《問題と研究》等刊物。[65]

民國 55 年（1966）之後，中國大陸爆發文化大革命，國際社會對中國大陸情勢十分關注，加強與國際學術界聯繫，成為該所的重要業務之一，與美、日兩國學術機構的合作亦恰逢其時。於是自民國 59 年（1970）12 月起，國關所向美、日兩國的同質性研究單位伸出了友誼之手，在台北舉辦第一屆「中美中國大陸問題研討會」，此後並輪流在兩國舉行，「中日中國大陸問題研討會」以後也比照辦理。[66]

2008）。

65 陳三井，〈我與國研所：代序〉，收入陳三井，《現代法國問題論集》（台北：學海出版社，1977）。

66 李慶平，〈中國大陸問題學術研究的推手：吳俊才先

　　於是，早年研究並出版《中國共產黨之來源》一書，也算「匪情專家」之一的耘農，枯樹又逢春，冷灶重加溫，復與郭華倫（乾輝）、李天民、吳安家、汪學文等本土大陸問題專家和美日學者共一室，評點論學一番。

　　依據耘農的回憶，他自 1970 年代起，先後參加過四次國關中心舉辦的中美、中日研討會，兩次在台北，在美國和日本各一次。出國到美國可以順便訪友探親一番，會晤不少舊雨新知，到日本也算舊地重遊，對於年近七十的老人能夠享受公費出國，難得觀光探勝一番，不亦樂乎！

　　本段的目的，不在重述這四次會議的詳細經過，而在以學術網絡的觀點，稍為交待耘農參與其中的認真態度和樂趣。茲將四次會議的簡單內容，列表如下：

1. 第四屆中日「大陸問題」研討會

　　時間：民國 65 年（1976）4 月 3 日起三天

　　地點：東京新宿京王飯店

　　主題：毛澤東死後之中共

　　任務：評論村松瑛（日本慶應大學教授）論文〈中共的文化政策〉

2. 第五屆中美「大陸問題」研討會

　　時間：民國 65 年（1976）6 月 8 日起四天

　　地點：台北民航局國際廳

生〉，收入李著，《虹橋文集：心繫兩岸》（台北：中國怡居文化事業，2020），頁 208-213。

　　主題：在蛻變中的中共：可能之變化及其含義

　　任務：評論三篇論文：

　　　　　吳安家，〈中共之殷周奴隸社會論批判〉

　　　　　宋晞，〈中共之史學革命〉

　　　　　董保中（紐約州立大學水牛城分校），〈中共戲

　　　　　劇中存在之矛盾：戲劇之本質及其政治關係〉

　　另兩次中美、中日「大陸問題研討會」，因資料不全，謹知評論汪學文的〈中共改革以來的北大和清華〉和李天民的〈鄧小平論〉，任務順利完成，在此不贅述。

第八章　重要著作與評價

　　耘農一生顛沛流離，但多采多姿，其跨越新聞界、藝文界與史學界舞文弄墨數十年，筆耕不輟，所發表的文章暨出版的專書，種類繁多，範圍廣泛，數量亦極可觀，在短期間內欲作一仔細閱讀，並進行客觀評價，並不容易。筆者既受囑託，不得不勉為其難。以出書的時間為序，概分台灣史、中共黨史、教科書、史料考釋、人物評傳、年譜巨著等項目，作一介紹和初步評述。個人見識不廣，有欠深入未周之處必多，尚祈各界方家指正。

第一節　《台灣指南》的承先啟後角色

一、耘農編纂《台灣指南》緣起

　　台灣光復之初，國民政府為加強民族精神教育與反共抗俄國策，大抵在文宣上針對台灣民眾有加強台灣史論述（國族中心的主體性）以及邊疆史和抗俄論的推動，是以早年坊間有《台灣開拓史》、《台灣史事概說》和《俄帝侵華史》等相關著作的出版。以今日眼光視之，囿於史料的未臻週全，史觀的不夠宏大，以及論斷的較為輕率，嚴格來說，此類著作雖有其時代意義，距學術性所要求的客觀標準，殆有不足。

耘農編纂的《台灣指南》，大抵可歸類為同型出版品，筆者無緣得閱此書，但在民國 105 年（2016）12月 15 日中國文化大學舉辦的「第一屆中國知識界的近代動向學術研討會」上，有幸以評論人身分拜讀倪仲俊先生所撰〈沈雲龍與戰後台灣史論範式的建構〉大文，故本節資料主要取材於倪文和筆者的評論意見。

《台灣指南》一書是耘農初次來台，於民國 35 年（1946）9 月奉工作單位——行政長官公署宣傳委員會之命完成的，可說是「無心插柳」的結果。當時印行五千冊，迨行政長官公署改組為省政府，宣委會改為新聞室、處，曾由繼任的處長林紫貴重印，再版時卻將編撰者姓名刪去。

耘農在宣委會，主要負責新聞工作，其一是主編該會刊物：《台灣月刊》，並為該刊撰稿，先後刊登有〈台灣行政制度之檢討〉、〈台灣國際關係史略〉、〈台灣關係文獻〉等專文，有了這些基本史料的涉獵，應是他後來受主任委員夏濤聲之命重編《台灣指南》的主要原因。其二是幫忙官辦的《台灣新生報》輪值撰寫社論。

二、《台灣指南》內容的特色

據倪仲俊的分析，《台灣指南》在內容上可歸納出四大特色：

（1）類似方志的結構

全書分為八章，分別為歷史、地理、行政、產業、交通、教育、風土、城市（附名勝），類似一本精簡版

的台灣通志。

（2）注重人物之影響力

特別強調鄭成功（1624-1662）與劉銘傳（1836-1896）二人開台的貢獻。由前者引出，「台灣，中國之故土也」；後者治台，築鐵路、通郵電、興學堂等，而「奠定台灣現代化之初步」。

（3）詳近略遠

對原住民早期文化及 17 世紀前之台灣歷史，頗為簡略，而於近代史著墨較多。

（4）強烈國族主義史觀

筆者認為，耘農的國族主義傾向來自兩方面：

一是青年黨本身。青年黨的政綱主軸為國家主義，它與國族主義實為一體。

二是受梁啟超與連橫的影響，以「台灣人、漢人與中國人」三位一體來敘史論事。

除上述四大內容特色外，耘農雖曾留學日本，倪仲俊特別指出，一方面基於國族主義的情感，尤其在剛剛完成的對日艱苦抗戰，耘農對日本武裝攻台於屠殺表示不滿，另一方面為了把日本因素從當時曖昧不明的台人認同中抽離，耘農對日本在台的殖民統治，幾乎完全採取否定的態度。[1]

筆者深佩倪仲俊先生秉持「上窮碧落下黃泉，動手動腳找材料」的精神，挖掘到《台灣指南》這本先驅性

1　倪仲俊，〈沈雲龍與戰後台灣史論述範式的初構〉，頁6-14。

的小書，並據以建構台灣史論述的範例。個人以為，倪
仲俊先生治史為文的態度認真而嚴肅，但值得商榷的有
如下數點：

（1）對於前人著作的批評，不論以今論古或以今非
　　　古，殆不能不考慮時空背景，這樣會有一個比較
　　　客觀的看法。

（2）沈編對台灣若干史實的看法（如同化政策、奴化
　　　教育與二二八事件等），似應與同時代的柯台
　　　山、李絜非等人著作稍作比較，不能單獨為耘農
　　　詬病。

（3）倪仲俊先生對耘農的若干批評，似有言過其實之
　　　病，讓編者有「不可承受之重」。

　　　耘農半路奉命重編此書，原意應只在就本身涉獵所
及史料作一舖排，心中應無建立大中國史觀範例之念。
就《台灣指南》一書而言，雖印刷出版五千冊，但就其
影響來說，恐亦不如想像之大。試舉一例略作見證：許
雪姬所編《民國時期台灣經史文獻選編》（北京：全國
圖書館文獻縮微複製中心，2009），並未將此書納入，
原因不詳，但可知從讀者到專家，知者並不多。[2]

　　　耘農尚撰有《台灣開拓史》（台北：國防部總政治
部印行，1966）一書，與《台灣指南》屬姊妹之作，用
以補後書之不足。在此不另作評述。足見耘農早期與台
灣關係之密切。「歸骨田橫之島」，並不意外！

2　陳三井評論。

第二節　《中國共產黨之來源》
──開中共學術研究之先河

筆者曾撰〈史學家沈雲龍傳略及其著作〉一文，提及耘農著《中國共產黨之來源》一書，有一段話可移此作一開場白：

「大陸淪陷之初，由於資料缺乏，兼以種種顧忌較多，中共研究除成為若干『匪情專家』之禁臠外，乏人問津。先生為探討『邪惡種籽』之來源，追溯自容共以至反共的這一段慘痛歷史，特於 48 年出版《中國共產黨之來源》一書。書出後，一時洛陽紙貴，中外學者暨圖書館爭相購藏。其後蔣（永敬）著《鮑羅廷與武漢政權》、王（健民）著《中國共產黨史稿》、李（雲漢）著《從容共到清黨》、鄭（學稼）著《中共興亡史》、郭（乾輝）著《中共史論》，相繼出版，風氣遂大開。」[3]

一、為什麼要寫《中國共產黨之來源》？

耘農所撰《中國共產黨之來源》，出版於民國 47 年（1958）1 月，所見至少有三種版本：

（1）出版者：民主潮社

　　　印刷者：世界新聞專科學校印刷實習工廠

3　陳三井，〈沈雲龍〉，《近代中國史研究通訊》，第 2 期（1986.09），頁 70；另見陳三井，〈史學家沈雲龍傳略及其著作〉，收入《沈雲龍先生紀念集》，頁 186。

發行者：自由中國社

經銷處：香港九龍友聯書報發行公司

出版日期：民國 47 年 1 月初版

序跋題簽：胡適題簽，胡秋原作序，筆者自序

頁數：92 頁

附錄：黃季陸〈談當年容共一幕〉、羅家倫〈談
「邪惡的種籽」〉

（2）出版者：文海出版社，第二、三版

（3）出版者：中國青年黨黨史委員會

印行者：中國青年黨中央黨部

出版日期：民國 76 年 5 月 1 日，列入中國青年黨
黨史資料叢刊 11

增訂部分：除前言外，增訂〈中國共產主義的形
成過程〉、〈從歷史觀點勸告中共放棄
共產制度〉、〈先總統蔣公對青年的禮
遇〉三篇，另附陳三井〈學人簡介：
沈雲龍先生的生平及其著作〉，以及
「沈雲龍先生著作目錄」，俾讀者對
其生平和著作有較完整認識。

頁數：172 頁

　　耘農身為忠誠的中國青年黨黨員，本人早具有反共
的基因，加上大陸淪共前的親身經歷和見聞，對中共從
創黨到革命成功的一段歷史，並不陌生。惟究竟還看到
什麼書？受到何樣刺激？讓他立下志願，在早期風雨飄
搖的年代，便寫出這樣一本首開風氣的小冊子呢？綜合

耘農過去的回憶，他撰寫《中國共產黨之來源》有幾個
累積而成的動機。

　　第一是，誠如第七章所述，早在民國40年（1951），
耘農拜讀劉紹唐所著《紅色中國的叛徒》以後，對他的
文采、才華、機智和反共決心，十分敬佩！在心有戚戚
焉下，可能同時立下見賢思齊，有意撰寫以中共為題材
的書了。

　　第二是，受到明儒顧亭林、黃梨洲、王船山乃至好
友胡秋原等人的影響，抱有知識分子的使命感，特別是
為學治史的人，應將一代興亡之事，就自己見聞觀察感
想之所及，誠實的寫下來，庶幾無愧於前修，無慚於後
世，而有偷生苟活之理由！

　　第三是，有感於黃季陸（〈談當年容共一幕〉）、
羅家倫（〈談「邪惡的種籽」〉）兩先生對《蘇俄在中
國》一書所發表的談話而起。過去寫民國史者，往往將
「國史」與「黨史」混為一談，甚至預存有「功則歸
己，過則委諸他人」的成見，幾乎只有「黨史」而無
「國史」。耘農個人不只有私家修史的抱負，更有釐清
兩史分際，糾正「黨史」即「國史」偏失的動機。[4]

二、本書的主要內容與評價

　　本書第一版，除胡秋原序及筆者自序外，共分15
節，其目錄如下：

4　「沈雲龍自序」，沈著《中國共產黨之來源》（台北：中
　　國青年黨黨史委員會，1987），頁20。

（一）中共的前身

（二）南陳北李

（三）「社會主義者同盟」

（四）中共的產生

（五）初期的內爭

（六）馬林的活動

（七）中共二全大會

（八）孫、越聯合宣言

（九）聯俄容共之決心

（十）「國共合作」的實現

（十一）西山會議派之反共

（十二）反共與聯共之對立

（十三）中共的褓姆——鮑羅廷

（十四）中共毒害之蔓延

（十五）反共抗俄之道

　　觀以上目錄，主要在根據史實，闡明中共之來源，時間大致從民國 10 年（1921）7 月 1 日中共成立開始，至民國 14 年（1925）、15 年（1926）間的國共合作時期為止，也即中共早期歷史。關於本書的主旨，請先看耘農簡短的自白：

　　「運用若干原始資料，為國共關係史作初步試探研究，揭開當年容共、聯共、清共到反共的經過。以後王健民、郭華倫（乾輝）、鄭學稼三教授有關中共史的鉅著，都曾對拙作加以引用，並且引起外國學人的重視。在美國史丹佛大學胡佛研究所藏書中，有關拙作的著者姓名及書名卡，竟註明我三代考妣的名諱，使我

為之一驚！」[5]

　　筆者過去曾撰〈沈雲龍研究近代中國史的一些波瀾〉，而耘農在《中國共產黨之來源》一書中，批判孫中山的「聯俄容共政策」，乃是波瀾中最顯著者。耘農係青年黨人，治史常有「獨上高樓」的感嘆！當年共產黨人及國民黨的左派分子，除了對右派分子予以無情打擊外，凡是對「聯俄容共」表示懷疑、不肯隨便附和的任何國人，包括提倡國家主義，主張「內除國賊，外抗強權」，並且自始即堅決反共反俄的中國青年黨，更多方面譏之為落伍頑固，或者任意給他們戴上一頂「反革命」的帽子，汙衊誣陷，無所不至，真是情何以堪！

　　「聯俄容共」政策背景複雜，牽涉問題甚廣，影響又極其深遠，因此論者意見分歧，大抵可分為兩類加以說明。

　　第一類，可稱為肯定派或解釋派，力圖為孫中山的政策找到合理化的解釋，這以國民黨人的論述為最多最為普遍。茲舉崔書琴為代表，他認為促成容共的情勢有三：一是共產國際命令中共黨員加入國民黨；二是中共自己決議要加入國民黨；三是孫中山的一種深謀遠慮，將共產黨員收容到國民黨裡來，由他領導共同推進國民革命，未嘗不是一個指引他們走向正路的方法。李雲漢在《從容共到清黨》一書中強調，聯俄在防止俄患，在獲取俄援；容共在擴大國民黨的組織基礎，在導共產黨

5　沈雲龍，〈我的自白──為什麼寫《徐世昌評傳》〉，《傳記文學》，26 卷 1 期（1975.01），頁 27。

員於革命正途。李氏甚至畫龍點睛指出，孫中山的聯俄策略，不僅是制敵機先，抑且要弭禍未來；非但是絕敵奧援，直接是攖其生路。[6]

第二類可稱之為反對派，其基調在斷言聯俄容共是一種錯誤的策略，主要以自居反共抗俄先鋒的中青黨人為代表。青年黨遷台初期所創辦的《民主潮》半月刊，無論是社論或專論一再指出，孫中山的聯俄容共是一種失策，不但使共產黨得以利用國民黨的護符而便於展開活動，並且使蘇俄帝國主義的本質得到一層掩護。具青年黨身分的史學家沈雲龍甚至公開譏評，「聚九州之鐵以鑄成此大錯，終於釀成今日莫大的禍害，中山先生地下有知，應悔聯俄容共政策實一最大失著也。」[7] 耘農在《中國共產黨之來源》一書中，復對孫中山的失策提出嚴厲批評：「惜乎當時中山先生只注重蘇俄紅軍組織及共產黨紀律之嚴密，決心引為師法，對蘇俄之包藏禍心，中共之陰謀篡奪，雖進言者有人，而均不之信，……遂使俄共得以偽善面目售其奸計。追溯三十年中國動亂之主因，實不能不致慨於聯俄容共之絕對失策也。」[8] 而於「孫越宣言」，耘農亦不無感慨指出：「從此赤菌附體，潛滋暗長，卒成癱疽，為近代中國寫下了極其慘痛的歷史長編。」

6　陳三井，〈沈雲龍研究近代中國史的一些波瀾〉，頁30-31。

7　沈雲龍，〈黨慶日憶曾慕韓先生〉，《民主潮》，4卷18期（1954），頁5。

8　沈雲龍，《中國共產黨之來源》（台北：民主潮社，1959），頁37。

在青年黨人眼中，「大陸沉淪，河山變色」，追源禍始，孫中山亦有其不能脫卸的責任。耘農以春秋責備賢者的態度，在晚年舊調重彈。對於這段歷史做了這樣申論：孫中山「憤激於軍閥亂政與帝國主義的壓迫，更有感於十月革命的成功，以無比的勇氣和毅力，冒險實行『聯俄容共』政策，希冀利用俄援及中共，突破種種困難，開創新局。不意『老來失計親豺虎』（詩人黃遵憲輓李鴻章句），竟致赤禍披猖，星火燎原，征剿無功，大陸易手，苦我生民，害我國家，……中山先生雖未及見，但地下有知，無疑是引為終生大恨的。」[9]

就中華民國的立場而言，耘農這一段攸關大是大非卓見的提出，需要具備極大的勇氣。難怪以研究「聯俄容共」最有系統，引用資料最為豐富的同行李雲漢，也要對耘農的良苦用心，表示最大敬意，而於筆者的持平論斷，亦同表會心的理解。[10]

第三節　教科書的編撰

據耘農〈我的自白——為什麼寫《徐世昌評傳》〉（《傳記文學》，26 卷 1 期）一文，他於民國 45 年（1956）因志趣不合辭掉公職後，因桂崇基、成舍我、

9　沈雲龍，〈孫中山先生逝世六十週年暨一百二十歲誕辰紀念〉，《傳記文學》，47 卷 5 期（1985.11），頁 12。

10 李雲漢，〈紀念沈雲龍教授逝世二十週年：追憶沈雲龍教授〉，頁 63。

包德明之邀，先後在東吳、世新、銘傳三校擔任「黑牌教授」（未具部定教授審定資格，因係私立學校，從寬處理），講授「中國近代史」一門課。[11] 耘農自民國 46 年（1957）9 月起，從公務單位轉換跑道到大專院校教書，不外三種因素：一是生計所迫，兼課以貼補家用。此層多半讀書人比較愛面子，並不好說出口。二是基於人情、友情、交情等各種情面網絡，不便拒絕。三是針對中國近代史真有興趣，頗有心得，真想學以致用，在上庠得天下英才而教之。論耘農當時的情況，或三者兼而有之。蓋台灣在四、五〇年代經濟尚未起飛，一般公務員待遇並不優渥，甚至入不敷出，兼點課以貼補家用，乃是常事，不足為奇。

在大專學校教書，並不一定要出版教科書。有的人「述而不作」，教書一輩子卻以講義「藏拙」終生；有的人「教學相長」，「學以致用」，且利之所在，教科書一版、再版，受教學生人人必買，單版稅亦是一筆額外的大收入。足見教科書之為用亦大有學問也。

耘農之出版《中國近代史大綱》教科書，想係基於教學上需要，而且呼應學生的請求而作。

一、有關《中國近代史大綱》的外部型式與內容

耘農來台大半生，以教書作育人才為樂。他所編著

---

11 沈雲龍，〈我的自白——為什麼寫《徐世昌評傳》〉，頁 27。

的教科書，也可能是有生以來首次編纂出版的教科書，書名是《中國近代史大綱》，封面橫排，從右到左，共有四行字。最上一排為「世新叢書」，第二排大紅標題七個字；「中國近代史大綱」，再下列「沈雲龍編著」五個字，最下一排則是「世界新聞專科學校印行」等字。封面以淺藍色為底，中間還穿插一個地球和世界簡圖，加上一枝筆，隱含「筆走天涯，環遊世界」之深意，設計頗清新美觀，不像一般教科書之樸素、單調。

筆者所見的這本教科書，出版於民國 60 年（1971）9 月，為第四版，定價新台幣 30 元，並附有郵政劃撥帳號，以便利學生購買。

除世新版的教科書，似未見及東吳版或銘傳版的沈編《中國近代史大綱》，可見一書三用，世新版的教科書應也用之於東吳、銘傳兩校。至於為何只有世新版的教科書而沒有其他任教學校的版本？此問題容易回答。因為世新設有印刷科，附設有印刷實習工廠，近水樓台先得月，耘農編著的《中國近代史大綱》交由世新出版，這該是順理成章之事。

雜七雜八，說了這麼多言不及義的閒話，現在該回歸正傳，談談本書的實質內容。

沈編教科書，共 217 頁，內分九章，另兩附錄，茲將目次列之如下：

第一章　總論
　　　　一、歷史的定義
　　　　二、歷史的價值
　　　　三、研究歷史的方法

二、優缺點參半的教科書

一般大學教科書的編撰，並無定規，通常憑教師個人的學養與定見，自由發揮。耘農雖非歷史系科班出身，亦未受過正規史學訓練，然家學淵源，且興趣甚廣，治史範圍寬宏，自明朝中葉至清末、民初、北伐、抗戰以至當代，莫不涉獵；舉凡政治史、外交史、制度史、人物傳記、中共問題，乃至台灣史，無不用心探究。他雖係半路出家，無師自通，臨時客串，自能教學相長，愉快勝任。綜觀上舉目錄，耘農所要教授學生的，有自創獨特而脫俗的內容，亦有憑自己興趣所好有所偏倚的課目。對於一般非史學科系的學生，有難有易，有的過於專門，有的稍嫌繁瑣，有的又付諸闕如，並非是一本難易適中，而又能平衡照顧全局的理想型教科書。

首先，從第一章總論談起，耘農對歷史的廣義與狹義所下的兩個定義，其中狹義「專指人類社會的進化過程與演變現象」；廣義「包括宇宙間一切生物與無生物的進化過程與演變現象」，似有「天馬行空」、「玄之又玄」、不切實際、不夠具體的說法，讓學生似懂非懂，難以體會。其次，談歷史的價值，即歷史的功用，我們為什麼要學歷史？古今中外名家留下極多鏗鏘有聲的說法，值得引證。而耘農所舉的四點，似嫌軟弱無力。

次談研究歷史的方法，耘農所列鳥瞰、解剖、比較三法，是否能完全說明古今中外史家治史、修史的方法，不無疑問。

　　續談耘農對中國歷史的分期和中國近代史的幾個
重要階段，他把中國史分為上古、中古、近古、近
代、現代五個時期，近代起自清朝崛起至滅亡（1644-
1911），而他自己所撰的《中國近代史大綱》，卻始
自中英鴉片戰爭（1840），這是第一個自相矛盾的地
方。他又把中國近代史的重要階段分成四部分，第一
階段起自「東方航路的發現到中英通商關係的破裂
（1498-1839）」，但他所編撰的教科書，卻又從鴉片
戰爭說起，而非從明朝中葉開始，這是第二個自相矛盾
的地方。

　　耘農治史，首重人物，因為人物是啟動風雲的主
角。他把中國近代史上的幾個重要人物，從鄭成功、康
熙、林則徐、曾國藩、胡林翼、洪秀全、慈禧太后、左
宗棠、李鴻章、張之洞、孫中山、康有為、袁世凱到梁
啟超共 14 人，都做了略傳，又對明清兩代帝王年號、
廟號、在位年數，清季中央及地方官制表、清代科舉考
試、清代八旗綠營軍制表等資料，均費心整理提供給學
生，這是一般任課老師較少留意者，可見耘農對教學熱
心負責，恨不得把所有看家本領都能傾囊傳授給學生。
教科書只是個冷冰冰的教學工具，其能否活用、妙用，
存乎教者與受教者之雙向良好溝通，相信以耘農的熱誠
和負責教學態度，必能啟迪成千上萬非歷史系科班學生
對中國近代史的濃厚興趣。經師人師合體，言教身教並
重，這應該是為師者傳道授業解惑時，較之型式化的教
科書更應重視的圭臬。

第四節　人物評傳

　　耘農治史範圍雖廣，大體以政治人物為主題，早期文章多刊登於《新中國評論》、《民主潮》、《全民雜誌》，後期則多發表於《傳記文學》。論文依發表先後，有〈丘逢甲傳〉、〈黃郛攝閣的前後〉、〈護國三傑與雲南起義〉等篇。短篇依結集出版先後，有《現代政治人物述評》、《現代政治人物述評增訂本》、《近代外交人物論評》、《近代史料考釋》（三集）、《近代史事與人物》、《民國史事與人物論叢》、《民國史事與人物論叢續集》等書。長篇者有《黎元洪評傳》、《徐世昌評傳》等經典著作，都數百萬言，足見用力之勤。所撰大抵以傳主為經，有關史事為緯，運用傳記體與編年體之混合體裁加以剖析，旁徵博引，不厭其詳；下筆謹嚴，褒貶互見，保持史家不偏不倚之客觀立場。

　　筆者治史不廣，想對上述諸書中的人物作簡略介紹，或於耘農論人論事的態度有所置喙，實在力有未逮，亦非篇幅所許可。對此，不得不擇若干精華，稍作論評，尚請讀者見諒。

一、首任駐英法公使郭嵩燾

　　耘農於《近代外交人物論評》一書中，淺論晚清四位外交官，包括「首任出駐英法公使郭嵩燾」、「絕域使才張蔭桓」、「駐美公使崔國英」、「革命外交人才王正廷」，開啟了他研究外交人物的興趣。本節僅談郭嵩燾。

郭嵩燾（1818-1891），湖南湘陰人。研究歷史人物，因史料浩瀚，必須從「樹」見「林」，由「微觀」到「宏觀」，才是有效途徑。汪榮祖曾撰《走向世界挫折：郭嵩燾與道咸同光時代》一書，對於郭嵩燾的出台，有以下一段話：

「郭嵩燾生長的時代，橫跨道光、咸豐、同治、光緒四朝。這個世紀的中國，面臨三千年未有之變局。……中華帝國遭遇到空前未有的挑戰與衝擊。……世界既走向中國，中國勢必要走向世界，但是中國走向世界的歷程，卻是十分崎嶇與艱難。」

於是引出郭嵩燾對時代的認識，對洋務的深刻瞭解，那即是，再挫折、再艱難，中國還是得走向世界，這個大方向是正確的，只是必須付出較高的代價而已。[12] 以古證今，看看今日中國面臨美英暨歐盟列強的圍堵，便知不假。

耘農研究郭嵩燾，引經據典一再說明，清廷面對外侮，主戰論調盈廷，而獨推崇郭嵩燾不輕易言戰的籌辦洋務心得，以及講求以條約為依據的交涉要訣。可惜的是「舉世滔滔，惟君獨醒」，長才未獲大用。此亦暗寓耘農個人一生之境遇乎？

二、《康有為評傳》

耘農在其編撰的《中國近代史大綱》教科書中，列

---

12 汪榮祖，《走向世界的挫折：郭嵩燾與道咸同光時代》（台北：東大圖書，1993），弁言，頁 1-3。

有中國近代史上 14 個重要人物，其中排名第 12 的是康有為，並附簡傳如下：

「康有為（1858-1927），原名祖貽，字廣廈，一字更生，號長素，廣東南海人。光緒 19 年（1893）舉人，21 年（1895）進士，授工部主事。曾聯合公車千餘人請勿簽馬關和約，並力主變法自強，設『強學會』於北京、上海兩處，旋為御史奏彈封閉。後三年，俄據旅大，德佔膠澳，瓜分之勢將成，又倡設保國會於京師。及戊戌變法失敗，六君子被戮，康先期離京，走避香港，嗣流亡海外 15 載，創組保皇黨，主張君主立憲及虛君共和，適與革命之說背道而馳。民國 2 年返國，6 年 7 月贊助張勳復辟失敗，寓滬著書講學，以迄歿於青島，享年 70。」[13]

耘農將康氏列為近代中國史上的重要人物，合情合理，亦暗示有朝一日將為康長素寫傳的心意。《康有為評傳》由〈康有為誕生百年紀念〉與〈康有為與戊戌政變〉兩篇獨立的文章合編而成，前者於民國 47 年（1958）5 月和 10 月發表於《新中國評論》，旨在紀念康有為誕生一百年暨「戊戌政變」60 周年，後者原載《民主潮》（8 卷 6 期，民國 47 年 4 月至 7 月），可見兩文並非前後一以貫之的作品。前文置刊前語，耘農特別引用左舜生《萬竹樓隨筆》一書中，有關康聖人的幾句話：「戊戌以前，以趨新為舊黨所仇；入

---

13 沈雲龍編著，《中國近代史大綱》（台北：世界新聞專科學校，1971），頁 7。

民國以後，又以篤舊為後生所謗，要為近代史上一極
有關係之人物，無可置疑。」耘農師承前賢，認係確
切不疑之論，但若步流俗後塵而以成敗論人，則是其個
人區區之意所不敢苟同也。左舜生與耘農對康有為的評
論，最關鍵的一句話便是「不以成敗論人」；時移境
遷，將心比心，耘農也希望外人看青年黨，「不以成敗
論英雄」！[14]

三、《黎元洪評傳》

　　耘農較富學術性之專刊，厥為民國 52 年（1963）1
月由中研院近史所出版之《黎元洪評傳》（原為直排，
2005 年 8 月二刷改為橫排）。此時，筆者已進所追隨
耘農參加口述歷史訪問工作。6 月 12 日，耘農在近史
所舉行新書說明會，報告「我寫黎傳經過」。承其美
意，送一冊給「三井老弟存念」，筆者當時就在書後空
白紙上，將其報告大要記錄下來，與原書一同保存，至
今已有 58 年的歷史，往事真是不堪回首！

　　耘農的口頭報告，分下列幾點：

（1）寫作動機

　　　A. 近代史與現代史的劃分甚難，在其因果關係無
　　　　 法截斷。既然兩者難以劃分，只得將現代史包
　　　　 括在近代史內。

　　　B. 為何選擇黎元洪為其立傳？因其非革命黨，卻

---

14 沈雲龍，《康有為評傳》（台北：傳記文學出版社，
　　1969），頁 1-2。

出任革命軍都統，且一生兩任大總統、三任副
總統，地位重要，人望也不差。

（2）黎元洪成敗關鍵

耘農曾列舉九點，茲摘要併舉如下：

A. 成也革命黨，敗也革命黨。黎氏雖參加武昌起
　義，但不願加入派系鬥爭，成為是非中人，故
　遭人打擊；他之誤殺張振武、方維兩位起義元
　勳，大為失策，引發黨人惡感。

B. 他與革命黨不睦，卻親近袁，故反袁革命採
　袖手旁觀。袁稱帝，他雖未參加，卻處處遷
　就袁。

C. 雖擁兵卻不自衛，且主張廢督裁兵，即不以兵
　力做為政治資本。

D. 黎雖是舊時代的官僚，惟一旦參加共和，即始
　終忠於共和，乃民初軍閥亂政時代難得一見之
　好人。

（3）治史原則

A. 政治人物同屬「人非聖賢，孰能無過」；秉持
　「是則是之，非則非之」原則，盡量還其本來
　面目。

B. 在史料方面，本著「信宜傳信，疑者存疑」態
　度，採不盲從、不說謊，沒有成見的精神，作
　客觀處理。

與黎元洪同為湖北黃陂同鄉的胡秋原，當時亦在
場。時為立法委員兼為近史所兼任研究員，又主編《中
華雜誌》的胡秋公（近史所同仁稱呼），提出了幾點精

闊的見解：

（1）武昌起義事起匆促，爆發得太早，被擁立的黎
　　　氏尚無做領袖的準備；若能晚起幾年，局面可能
　　　不同。

（2）黎氏最大的弱點，在於左右缺乏幹練的好人才和
　　　幹部，也沒有跑龍套的人。

（3）黎以聲望和道德起家，若黎、孫（中山）兩派能
　　　結合，則民國史勢將改寫。想要抗袁反袁，孫應
　　　聯黎，這是可痛惜之事，也是民國的不幸！

　　耘農在本書「校後跋」中，特別指出這是他「研究
現代政治人物的存稿之一。雖然，其範圍只是以黎氏
個人為中心，但自辛亥武昌起義以迄民國 12 年這一段
期間的國事動盪和政潮起伏，卻也不難藉此看出它的全
貌。久想把這本小書繼前著《中國共產黨之來源》及
《現代政治人物述評》之後，以單行本問世，遲遲未能
如願。茲承近代史研究所出版，並蒙郭量宇（廷以）先
生詳予校閱，指示若干改正亦見，衷心至為感謝。」[15]

　　誠然，《黎元洪評傳》既列為近史所專刊第 7 種出
版，自是按例應經過一、二人之審閱，特別是像前 6 本
專刊一樣，應經過郭所長的過目認可。據郭廷以著《郭
量宇先生日記殘稿》得知，郭師審閱同仁專刊一向嚴格
認真，字斟句酌。正因如此，近史所出版的專刊均能維
持一定的學術水準，深得美方合作機構的一致好評。

---

15 沈雲龍，《黎元洪評傳》（台北：中央研究院近代史研究所，
　　1963），「校後跋」，頁 213。

　　耘農何時把書稿送交近史所，郭日記中並無記載，但見 1962 年 1 月 30 日有一條記曰：「閱畢沈雲龍『談黎元洪』平平，學術意味欠濃。」[16] 這大概是唯一所能找到郭量師對本書最簡短的評語，相信郭師亦會出示若干改正意見以供參考。這個日期距離載明的出版時間，整整還有一年。若印象不錯的話，在民國52年（1963）6 月耘農到所報告寫書經過時，郭量師恰好到美國做學術訪問，並不在所，故未在場聽講。

　　《黎元洪評傳》出版之後，銷路甚廣，海外的左舜生、雷嘯岑兩先生均曾撰文介紹，頗有好評。但也引起某些衛道之士的攻訐。首先發難的是任卓宣主辦的《政治評論》，在該刊 10 卷 6 期刊有眭雲章的〈沈雲龍《黎元洪評傳》之糾正〉一文，批評黎傳的內容，立場與主觀太深，有「歪曲事實，詆毀國父及革命先進之處」，眭雲章認為，武昌起義乃革命同盟會同志籌劃發動，並非沈氏避重就輕，輕描淡寫所說的文學社、共進會之號召。而沈氏一開始就講到「開國三傑」的由來，過去從來沒有人講過「開國三傑」，只有薛君度提過孫中山與黃興的「二元領導」，但沈氏在黎傳中將黎元洪的地位提高，與孫、黃二人並列。所以，眭雲章也批評沈氏這種說法是歪曲歷史。

　　接著，第 10 卷 8 期的《政治評論》又刊出一位署名鄭志忠讀者的投書，請求查禁《黎元洪評傳》，他根

---

16 郭廷以，《郭量宇先生日記殘稿》（台北：中央研究院近代史研究所，2012），頁 304。

據眭雲章前文，意有所指的說：「中央研究院，顧名思義，是國家最高的學術研究機構，照理，該院的主旨應該是發展國家科學，宏揚三民主義文化，為何該近代史研究所刊印的《黎元洪評傳》竟歪曲革命歷史，詆毀國父及革命元勳，真是百思莫解！」所以呼籲主管當局「肅清思想走私」，禁止該書之發行，並查究中央研究院失職之處，以慰國父在天之靈，並謝國人。

其後緊跟著響應的還有在國史館任職的姚漁湘，他在《文星》月刊第 70 期上發表〈對《黎元洪評傳》的幾點糾正〉一文，除指出黎傳史實上的若干錯誤以及評論不甚公允之處外，主要提出兩點意見：

（1）就方法上言，除去少數略有某人著某書外，多未註明引書章節、頁數、出版年月（即不合現代著作體例）。

（2）評論亦欠公允，拿章瘋子（炳麟）的瘋話來罵國民黨，來罵黃興、胡漢民，不是學術著作應有的態度。

姚文的結論認為，從學術的立場批評，黎傳是不夠標準的，而中央研究院近代史研究所居然把這種著作出為專刊，實為憾事。

兩雜誌之先後指責，深文周納，不脫「扣帽子」作風，甚至連累而及於為黎傳作序的張知本，亦對之頗有微辭。於是反映到中央最具權力的某機關，致函中央研究院查詢，一時院長王世杰、所長郭廷以均甚感張皇。飽經風浪的沈氏對如果僅是文字賈禍，並不甚介意，但若因此而累及郭所長「揹黑鍋」，則於心不安。所幸郭

所長毫不畏怯，挺身而出，正式申覆，逐條代為辯證，並在結語中嚴正申明，黎傳「僅係舖陳歷史事實，絕無誣衊國父之意，若僅就二、三點尋章摘句，挾以主觀意見，且逾越批評範圍，此種風氣一開，勢將無人敢於研究國史矣！」最後肯定「黎傳是一部值得重視的信史，取材甚豐，持論平允，使黎氏的公罪是非，昭然可鑒；且可澄清社會上若干不實不盡的傳說，相信每個人都樂於閱覽的。」以量宇先生當時的黨政關係，他敢於如此負責的表態，一切自然煙消雲散，化波瀾於平靜無形。[17]

四、《徐世昌評傳》

耘農進入《傳記文學》台柱時期，筆耕更勤，所寫人物評傳，從康有為而黎元洪而徐世昌，越寫字數越多，篇幅和內容越大越寬廣，亦顯示其治學論史更具自信。《徐世昌評傳》係應劉紹唐社長之囑，在《傳記文學》所推出的一部長篇連載，自民國 57 年（1968）6 月開始按月刊載，至民國 63 年（1974）12 月全部刊完，中間除耘農因兩度出國開會及考察，曾停寫數期外，一共寫了 70 期，費時六載有餘，逾 70 萬字，足見耘農過人之毅力和超強的責任心，有時還工作至深夜或凌晨。此一長達 738 頁的皇皇巨著，於民國 68 年（1979）由傳記文學出版社出版，除筆者自序外，並有

---

17 陳三井，〈沈雲龍研究近代中國史的一些波瀾〉，頁 32-34。

梁敬錞（和鈞）為之封面題簽兼作序，極為慎重。

在《徐世昌評傳》寫作接近尾聲之際，耘農曾先後接到兩封匿名投書嚇阻的信，其意均嫌書稿太長，應速行停止，否則殊有未便，並且指筆者以「混稿費」為目的，殊令耘農感慨萬千。他自忖，生當自由中國聖明之世，有其寫作之自由，亦有其一定寫作之計畫，既飽經世變，百無一成，而與「耍筆桿」、「爬格子」結下不解之緣，稿費固然要「混」，尚屬次要，但憑自己心血勞力換取，並無犯法，有何不可，決非匿名投書所能嚇阻。[18]

於是耘農以〈我的自白──為什麼寫《徐世昌評傳》〉為題，表白了他為什麼選擇徐世昌，長篇大論，一口氣把它寫完，以示「貫徹始終」的初衷。

徐世昌（1855-1939），字菊人，河北天津人。論其生平，於清末民初政治上的消長得失，關係至鉅，為治現代史者所不可忽視的人物。耘農之所以為他作傳，係基於下列八大觀點：

第一，徐氏與袁世凱私交素篤，氣味相投，兩人初附維新派以求生路，其後世人但知戊戌之敗，敗於袁之告密，而不知徐氏乃隱身幕後之主謀。故徐氏之巧於投機，不擇手段，實近代官僚之典型。

第二，及宣統初元，攝政王載灃秉政，罷黜袁世凱，徐氏雖黨於袁卻不受牽連，仍為清廷倚重，其善於

---

18 沈雲龍，〈我的自白──為什麼寫《徐世昌評傳》〉，頁29。

周旋於王公親貴及反對者之間，運用其八面玲瓏之手
腕，亦非尋常官僚所能及。

　　第三，徐氏於民初「洪憲」、「復辟」兩大醜劇，
均未登台扮演要角，其深沉不露，進退裕如，處變不
驚，鎮定如常之高度機智，為北洋政壇人物所僅見。

　　第四，袁死後，北洋軍系分為直、皖兩系，加上關
外新崛起之奉系，徐氏以手無寸鐵之文人，竟能在北洋
軍閥割據下，安坐總統寶座 4 年，其本身所具之條件與
當時客觀形勢，均值得深入之研究。

　　第五，徐氏初任總統，即倡文治及南北統一為標
榜，不幸兩者俱告失敗。此中癥結所在，不僅有關徐氏
個人之得失，亦係國家治亂之所繫，未可輕視。

　　第六，徐之任總統，就國內護法者言之，視為非
法；但就國際外交而言，若各國使節之呈遞國書，以及
出席巴黎和會、華盛頓會議全權代表之派遣，乃至九國
公約之簽訂批准，無不承認徐氏為中華民國合法之總
統，惜五四以後，新思潮之激盪，徐氏囿於近代知識，
並不瞭解民主政治之真諦。

　　第七，徐氏下野以迄歿世，始終息隱津沽，從事清
代學術思想巨著之纂輯，完全與政治絕緣，無復東山再
起之想，終不失為一個中國讀書人的本分。

　　第八，當七七抗戰既起，敵偽縱橫平津之日，不為
威勢所屈，不為游辭所惑，一以國家民族利益為重，而
不為甘受利用之傀儡，卒能善保晚節，益見其人確有可

傳之處。[19]

第五節　年譜巨著

耘農一生著作宏富，不過大抵以政治人物為主，人物評傳主要有《康有為評傳》、《黎元洪評傳》、《徐世昌評傳》三種，已見前述。除人物評傳外，傳世的尚有《尹仲容先生年譜初稿》與《黃膺白（郛）先生年譜長編》兩種。前者於民國 61 年（1972）在傳記文學出版社出版，後者於民國 65（1976）在聯經出版；前者682 頁，後者分上下冊，都 1,052 頁，兩書篇幅均稱得上巨大。不過為了個人介紹方便，擬先從《黃膺白先生年譜長編》入手，不一定依著作發表或出版先後，請讀者見諒。

一、《黃膺白先生年譜長編》述評

（一）黃郛（膺白）生平簡歷

黃郛（1880-1936），原名紹麟，字膺白，號昭甫，浙江省上虞縣人。父黃文治早逝，就讀義學而後補上學校生，光緒 30 年（1904）入讀浙江武備學堂，其後由清廷以官費送日本留學，進東京振武學校。光緒 31 年（1905）在東京加入中國同盟會。光緒 34 年

---

19 沈雲龍，《徐世昌評傳》（台北：傳記文學出版社，1979），
　　自序，頁 5-9。

（1908）至宣統 2 年（1910）就讀陸軍測量局地形科，並學成返國。宣統 3 年（1911）至民國 4 年（1915）間，參與辛亥革命倒袁軍事行動，具備軍事領導經歷，有「黃將軍」之稱號。

　　「二次革命」倒袁失敗後，黃郛曾輾轉流亡日本、南洋和美國。民國 10 年（1921）起，逐步從軍人轉入仕途，在美國考察期間擔任北京政府參加華盛頓會議代表團顧問，再赴歐考察戰後政情。回國後，歷任張紹曾內閣署理外交總長，高凌霨攝政內閣、高凌霨臨時內閣、顏惠慶內閣之教育總長。民國 13 年（1924）10 月至 11 月間，代理內閣總理。俟末代皇帝離開紫禁城，黃內閣籌劃以紫禁城興辦博物院、圖書館，將皇權象徵轉變為國家文化傳承之區。民國 16 年（1927），黃郛重返政界，斡旋蔣介石、馮玉祥於徐州會面。7 月初任上海特別市市長，民國 17 年（1928）2 月出任國民政府外交部長，因處理「南京事件」、「濟南事件」遭輿論批評，再度離開政壇，往來於上海、莫干山之間，以讀書寫作、蒔花等活動沉潛消遣。民國 18 年（1929）後，居莫干山「白雲山館」，自許山館主人。

　　民國 22 年（1933）5 月，復出政界，出任行政院駐北平政務整理委員會委員長，與日本政府、關東軍秘密交涉談判塘沽協定。5 月 31 日達成協定，在反日民族情緒高漲下，成為輿論和派系間指責對象，遂離京南下休養，從政壇引退。民國 25 年（1936）12 月因

肝癌逝世，享年 56 歲。[20] 著有《歐戰之教訓與中國之
將來》、《戰後之世界》等書，並遺有《黃郛日記》
（1929-1936）（任育德主編，香港：開源書局、台北：
民國歷史文化學社，2019）。

（二）年譜出版前的副產品兼論寫作動機

　　大凡史家之為人作傳或撰寫年譜，主要不外兩個動
機：其一是對傳主或譜主一生之行事經歷或學問志節，
懷有欽敬和景仰之心，藉此緬懷前賢，崇德報功之意；
其二是傳主或譜主，並非黨國主幹主流，或因主史政
者個人好惡態度之偏差，亦有淡忘或冷遇之別，馴致為
世人所遺忘而淹沒無聞，而有主持正義之史家，挺身而
出，為之作傳立譜。耘農之為黃膺白撰寫百萬字年譜長
編，應是兩者兼而有之，此即史學家之良心，「不教青
史盡成灰」。

　　在《黃膺白先生年譜長編》出版前，耘農至少已發
表過兩篇有關黃郛個人的紀念性文章。其一是在黃郛逝
世廿週年時，耘農即以筆名「耘農」，於《民主潮》發
表〈黃膺白之特立獨行〉一文，後收入沈著文海出版之
《現代政治人物述評》一書中。綜合此文，除一般生
平經歷之介紹外，耘農對黃郛有幾點個人不同流俗的
卓見。

---

20 關於黃郛生平簡歷，參閱：沈雲龍，〈黃郛〉，《中國現
　　代史辭典》，人物部分，頁 419-420；任育德主編，《黃郛
　　日記（1929-1930）》（香港：開源書局、台北：民國歷史
　　文化學社，2019），編者簡介及導讀，頁 V-VII。

　　第一，中國歷史上凡特立獨行之士，大抵非狂即狷，而歷代衡量人才之標準，亦往往以狂狷中庸並列。民國以來政壇顯赫人物，或因緣際會，或依附權勢，興勃亡忽，比比皆是，其能合乎狂狷之義，進取而有所不為，志行高亢，獨往獨來，不詭隨流俗，時時以國家安危為念，而無黨人與官僚之陋習者，捨黃膺白外，尚不多見。

　　第二，黃郛一生最具爭議的事件即主持對日外交，簽訂塘沽協定。耘農獨排眾議，肯定膺白「我不入地獄，誰入地獄」之襟懷，以保疆衛土，安定華北為己任，躬自與日方談判，乃能弭華北風雲於無形，而平津亦得轉危為安，社會安定，一時絃歌不輟，此皆膺白不計毀譽，折衝樽俎之功也。

　　第三，耘農特引述膺白所言：「凡吾所為，千秋萬世，必有識之者；其功罪吾所不計，惟耿耿此心，自信無負於國家耳！」膺白生平大節，進退出處，不難於此數言中想見其為人。耘農月旦政治人物，首從大處著眼，進退有據之特立獨行人物。[21]

　　十年之後，亦即黃郛逝世三十週年（民國 55 年〔1966〕12 月），耘農再以本名於《傳記文學》（10 卷 1 期）刊登〈黃膺白先生逝世三十週年〉一文，除披露其本人自民國 49 年（1960）1 月起，在《新中國評論》連載「黃膺白先生年譜初稿」至今已整整七年，即

---

21 沈雲龍，〈黃膺白之特立獨行〉，收入沈著《現代政治人物述評》（台北：文海出版社，1966），頁 166-176。

將完稿刊畢，並與黃夫人沈亦雲女士常有資料上的交流
互通情事外，對於黃郛的生平經歷亦提供幾件新出土的
史料，藉此稍作交待。

　　第一，在《追悼黃膺白先生紀念冊》上遺有黃氏
「遺言」，這篇「遺言」在黃氏逝世後次日全國各大報
均行刊載（內容不贅述）。茲略舉上海《大晚報》相關
評論報導以與讀者分享。該報認為，遺言「全文是血淚
的凝結，足以動天地而泣鬼神」。該報在專論中，復稱
譽「黃先生是一個光明磊落的政治家，是一個品學皆
臻上乘的學者，是一個服膺孔孟遺教、東方文化的實
踐者。」凡此均有助於我們對譜主個人德行的認識和
瞭解。

　　第二，黃郛早年留日入東京振武學校肄業，復加
盟同盟會，並擇其中學習軍事同志與黃興創組「丈夫
團」，先後參加者有李烈鈞、趙恆惕、閻錫山、李根
源、李書城、尹昌衡、張羣、葉荃、黃愷元、溫壽泉、
曾繼吾、華世中、劉洪基、程子楷、孫方瑜、曾昭文、
耿覬文、仇亮、李乾璜、楊曾蔚、陳強、孫棨、高霁、
楊源璿、殷承瓛、袁華選、陳之驥、姜登選、李浚、王
孝縝、何澄、王家駒等。此份名單同時出現在耘農文章
和黃譜中，曾被李敖引用，作為蔣介石沒有加入「丈夫
團」的證據。[22] 耘農除前二文外，並曾以〈黃膺白：一

22 沈雲龍，〈黃膺白先生逝世三十週年〉，《傳記文學》，
　　10卷1期（1967.01），頁55-61。「丈夫團」名錄見頁
　　58；另見《黃膺白先生年譜長編》（台北：聯經出版，
　　1976），上冊，頁13。李敖的《蔣介石研究》（台北：
　　天元圖書公司，1987），續集，有專文討論「丈夫團」，

位失敗的愛國主義者〉為題，參加「專題人物：黃郛」座談（參閱《傳記文學》，28 卷 2 期），以上應也是納入「黃譜」的基本材料與重要論據。

（三）黃譜的撰寫過程與序跋

耘農與黃膺白雖一前一後同屬留學東瀛，但一文一武，兩人年齡差距 30 歲，故在日本並無交集；膺白逝世時，耘農甫從日本學成歸國，故兩人在事業上亦從無來往，可見耘農動念為黃撰年譜，純係基於個人敬仰黃膺白在外交上的特立獨行，但以國家和國事為重，當然亦不排除對黃氏個人進退之志氣高亢，深表激賞。

耘農早在〈黃膺白先生逝世三十週年〉一文中，對黃譜的撰寫過程有簡單的交待。黃譜自民國 49 年（1960）1 月起在《新中國評論》月刊刊登，連載整整七年，總計字數在百萬以上，這是耘農畢生寫作中費時最久而用力最多的一部。在連載期間，適值黃夫人沈亦雲返國，將其大著《亦雲回憶》部分發表於《傳記文學》，引起海內外普遍的重視，因而連帶想閱讀黃譜的，也不乏其人。黃夫人在台居留期間，耘農遇有寫作上的問題，便發信向她請教。據黃夫人回憶，耘農每次發信問問題，常十幾條或二十幾條。在這樣向當事者躬親請教與資料互補訂正的情況下，使黃譜的錯誤減到最低，無形中也提高了黃譜的價值。對耘農來說，這是一個可遇而不可求，千載難逢的機會。換言之，耘農為沈

頁 1-10。

亦雲的先生黃膺白撰寫年譜，能得到黃膺白夫人沈亦雲
的過目和見證，這不僅是史學界的一段佳話，自然也提
高了黃譜的可信度。

　　黃譜在《新中國評論》連載完畢後，耘農為求慎
重，精益求精，再花費多年時間的訂正與資料補充，始
於民國 65 年（1976）1 月，由聯經出版事業公司分上
下兩冊出版。並邀周學藩（棄子）、王開節、沈亦雲三
人作序。周序於譜主膺白有如下論評：「膺白，豪傑之
士，致用於世，固未嘗不藉乎功名。騰達甚早，際遇甚
隆。而觀其一生，在野之時多，當官之日短。信其出處
執持，有異於苟營祿位者。塘沽協定，本被命於危急之
際，強起出山，隻身搘拄，以成城下之盟。負謗腐心，
積哀為痛。」大抵持平之論，可與耘農之看法，相互輝
映。而於筆者，周序亦有求全之評：「耘農之譜膺白，
援據務詳，引申務實，乃至通國寰宇大事，靡不附書。
意在旁收類及，參互發明。……謂曰長編，義本乎是。
慮有覽者，或疑其辭繁不殺，故余並於此發之。」[23]

　　王開節序，於譜主黃膺白的出台與經歷，亦有畫龍
點睛之筆：「童年求學時，嘗於報端識黃公姓名和照
片，風神清穆，心儀其人，故嘗與當時所稱基督將軍
（指馮玉祥）遊，將軍素以倒戈聞，心竊異之。九一八
事變之後，偽滿僭號，華北在東鄰耽耽虎視之下，危機
眉睫，黃公銜命北行，敵機日日示威於華北上空，日籍

---

23 周學藩序，沈著，《黃膺白先生年譜長編》，上冊，頁
　　1-4。

浪人日日橫行於市面，民情騷然，憤懣無可誰何，青年
屬多熱血沸騰，呼號思逞，殊無當於報國之路，深處橫
決。曾塘沽協定成，危局稍弛，然於其中在事所歷之種
種險阻周折，率多茫然。」道盡了過來人的時代見證，
而於膺白所處無可如何之境遇，則極表同情。接下來，
王序於沈編黃譜之貢獻，則多有稱頌：「茲編能就其前
因後果，徵引史籍文獻至為詳審，讀後乃得豁然。回首
將四十年，讀其所敘，仍覺項莊舞劍咄咄逼人之神情，
躍然紙上也。……重讀黃公年譜，能無致嘆於此一時代
之國人，不幸身為炎黃世冑，承襲此年積月累之歷史新
頁。……茲編固不能以歷史撰述視之已也，抑亦非一人
一姓之年譜，謂為近數十年之國史紀錄可也。耘農為研
究近代史名家，於黃公素非雅故，獨於此編萃十餘年之
精力，搜羅之富，致力之勤，其用心蓋可知也。」[24] 讀
史有振聾啟聵，奮發人心之功用，王序以如椽之筆，藉
耘農之黃譜，將積累於心中數十年的感受痛快發抒！

　　至於沈亦雲序，除回顧與耘農的一段文字之交外，
她特別強調，中國史家最高修養為「公道」。「公道」
是一個民族、一個國家、一個社會健康之表徵，興衰之
關鍵。沈序此處所謂的「公道」，或即史家三長之一
的史德，亦即史家下筆應超越個人感情、黨派、民族等
立場，力求客觀公正。沈亦雲稱道耘農能拋開黨的立場
（黃郛並未加入國民黨），「取材國史家乘，取材報章

---

24 王開節序，沈著，《黃膺白先生年譜長編》，上冊，頁
　1-4。

輿論，取材反對者之言，作此年譜，其為歷史而彰公道可感也。」[25]

（四）黃譜的評價

耘農撰寫並出版黃譜，有其開創性的貢獻，自不待言。若要針對這部超過百萬字的年譜長編，提出建設性的意見，首先得回到 1950-60 年代兩岸因政治關係不相交往、史料極端缺乏的時空環境下，進行史學創作和書寫工作的不易。有此認識，抱持相對的同情理解，對史學作品也好，對一切事物的看法也罷，或能有較為寬容的態度。基於此一態度，筆者想對黃譜提出三點看法。

第一，年譜的寫法問題

年譜以譜主的事蹟，繫年引述為主，屬編年體的寫作。至於敘事是詳或略，引據是廣或簡，附書是繁而全或簡而略，見仁見智，各有所偏所好，並無主觀上對錯問題。耘農茲作，既以年譜長編為名，自是如周序所言，大凡通國大事，無不附書。耘農以為，「年譜寫作，應行打破前人窠臼，而以編年體為主，紀事本末體及傳記體為輔」，亦即三體共構而試寫黃譜，更服膺梁任公對年譜作法，「世上沒有遺世獨立的人，也就沒有不記時事的年譜。偉大的人，常常創造大事業，事事影響到當時人生，當然不能不記在那人的年譜上。」所

---

25 沈亦雲序，沈著，《黃膺白先生年譜長編》，上冊，頁1-5。

以，耘農撰寫黃譜，「將與他有關的時事夾敘入譜內，
即無關他的時事亦按年月日分別繫於譜末，讓讀者明瞭
膺白是處於怎樣一個大動亂的時代，而他竟能在內憂外
患干戈擾攘之際，無論在南在北或在朝在野，總是時時
以國家安危為念，進取而又有所不為。這種難進易退的
特殊風格，如不以時事背景為襯托，則無由顯示其志行
的高潔，超人的才略，和不避艱險的膽識，在舉世滔滔
的當代賢豪中，畢竟是罕見的。」[26]

　　以上是耘農言之成理，據以撰寫黃譜的想法和作
法。問題在於，各人對於時事與譜主個人關係，何者有
直接關係，何者並無直接關係，判斷標準有時甚難拿
捏，寬鬆尺度不易確定。過寬，則變成國史紀要，累贅
連篇，徒增篇幅而已。最後，筆者贊成，將黃膺白所
有往來函電收入譜內，這是最有意義、最有見地的一項
作法。

第二，資料引用與日記問題

　　耘農是位傳統式老派史學家，他書寫歷史有自己的
理念和方式，特別在引用資料出處並加註時，還採用舊
方法。與現代式或社會科學的註解最大的不同，在於當
頁資料開頭或結尾便把資料的名稱和內容作了交待，
而缺少出版品的相關資料（如出版單位、出版時間和頁
碼等），於查閱上增加困擾和不方便。特別是，現在一

---

26 沈雲龍，〈白雲槎莽感山丘：黃膺白先生年譜長編付印贅
　　語〉，沈著，《黃膺白先生年譜長編》，下冊，頁1043-
　　1052。

般著作最通行的當頁註或每節每章註的方式，註與內容明顯分離的排印法，在黃譜一書中是看不到的。至於在書後增列參考書目以及人物索引等，則是對讀者有幫助的，否則上下五、六十年，全書長達千餘頁的年譜，涉及的人物和事蹟何其多，如缺少索引的編排指導，對讀者的閱讀和參考利用，都是一大負擔。這種機械式的雕蟲小技，其實不用麻煩耘農本人，出版社編輯部的一個小編便可勝任愉快，而如此一來於讀者大眾可是一件功德無量的好事。

再者，最近由民國歷史文化學社與開源書局，出版了四冊的《黃郛日記》（1929-1936），不知耘農當年撰寫黃譜與黃夫人發表《亦雲回憶》時，是否知道並利用過此一項珍貴資料？據《黃郛日記》主編任育德告訴我們，日記部分內容曾由黃夫人摘錄披露於《亦雲回憶》一書中，[27] 我們亦發現自民國 18 年（1929）1 月12 日起，沈著黃譜已將日記部分內容納入譜中，足見耘農「上窮碧落下黃泉」，蒐集資料之用心。

第三，可能多餘的一點建議

耘農在黃譜的最後，刊出一篇文情並茂的〈白雲榛莽感山丘：黃膺白先生年譜長編付印贅語〉，詳述撰書動念、與黃夫人交往蒐集資料以及出版開山力作黃譜的過程，文長多達十餘頁。就筆者而言，也許是必要的

---

27 任育德主編，《黃郛日記（1929-1930）》，編者簡介及導讀，
　　頁 VIII。

交待，但以讀者來說，可能覺得過於冗長而失焦。讀者想看到的毋寧是像《黎元洪評傳》或《徐世昌評傳》那樣，有一個總結對譜主作畫龍點睛般或蓋棺論定式的述評，述評有褒有貶，有他人的見解或誤解，當然也有自己的理解和辯解，兩者對照，正反並舉。至此，筆者書寫的任務才算大功告成。未知讀者以為然否？或許這本來就是多此一舉的建議。

二、《尹仲容先生年譜初稿》述評

（一）尹仲容生評簡歷

　　尹仲容（1903-1963），名國墉，初字仲固，改字仲容，後以字行。湖南邵陽縣人，生於江西南昌。民國 5 年（1916）入南昌心遠中學，翌年考入上海南洋公學中院（即交通部上海工業專門學校附屬中學），畢業時以成績優良直升南洋大學，習電機工程。民國 14 年（1925）畢業，保送北京交通部電政司實習，歷任各建設與交通部門科長、幫辦、協理等中級幹部。民國 28 年（1939）冬赴美，出任資源委員會國貿事務所紐約分所主任。民國 34 年（1945）返國，仍供職資源委員會。民國 38 年（1949）來台後，歷任中國油輪公司整理委員會委員、中央信託局局長、經濟部長。民國 44 年（1955）夏，以揚子公司案被牽累，辭去本兼各職。民國 46 年（1957）復職，出任經濟安定委員會委員兼秘書長、行政院外貿審議委員會主任委員，對外匯貿易作一連串改革，如調整匯率使接近新台幣真實價值、實施單一匯率、取消進口物資預算，由進口管制轉變為出

口發展等。其後，復出任行政院美援運用委員會副主
任委員，並兼任台灣銀行董事長。民國 52 年（1963）
病逝台北，享年 69 歲。遺著有《電磁學》、《工程數
學》、《呂氏春秋校釋》、《我對台灣經濟的看法》初
稿、續編、三編等書。另遺有《郭筠仙（嵩燾）先生年
譜》未刊稿。[28]

（二）沈雲龍為什麼撰寫《尹仲容先生年譜》？

　　尹仲容學有專精，來台後對我國財經改革，貢獻良
多，為國人所公認。在其逝世十週年之際，其家屬及生
前友好特延請近代史學家沈雲龍編纂尹氏年譜，計六十
餘萬言，舉凡尹氏一生愛國孝親之情誼和財經思想之淵
源，以及見諸實施之重大業績，按年編述，不啻一部自
由中國財經改革史，足資後人借鏡。

　　耘農之所以被尹家親友「欽點」成為尹譜的撰稿
人，這與他發表過〈首任駐英法公使郭嵩燾〉有關，而
郭嵩燾與尹仲容同為湖南人，這兩位湖南人一前一後，
無論個人的言行或身處國內外情勢劇烈變動的浪頭上，
乃至自己的一貫目標與當時多數人的目標格格不入，頗
有相似之處，故在惺惺相惜的情況下，尹仲容有心完成
「郭譜」，卻未竟功。等到「郭譜」由郭廷以、陸寶千
續編，中央研究院近代史研究所出版後，尹家親友又想

---

28 有關尹仲榮的生平經歷，《中國現代史辭典》，人物部分，
　　暨《民國人物小傳》均有立傳，而以《民國人物小傳》特
　　別載明，曾參考《尹仲容先生紀念集》與沈雲龍編著《尹
　　仲容先生年譜初稿》，故採之。參閱劉紹唐主編，《民國
　　人物小傳》，第 2 冊，頁 17-18。

起也該為尹氏作譜。於是在張九如、沈怡、瞿荆州、楊家瑜、周茂柏、徐樂天、王作榮等人倡議下，決定編撰年譜。最初，推舉立法委員張九如擔任撰寫尹譜，惟張氏固辭，乃改延攬近代史學家沈雲龍負責其事。[29] 這是耘農受邀編寫尹譜的簡單經過。

（三）序與跋的重要性

尹譜由張羣題耑，張九如作序，沈怡、王作榮兩人作跋，末附尹氏遺著郭嵩燾先生年譜、詩稿及瞿荆州述記，並附尹氏生活照片 30 餘幀，合裝 24 開本一巨冊，共八百餘頁。

是譜前有張九如長序，首先指出，尹氏生前「自比郭嵩燾」，因治喪會曾軼他「志節抱武鄉侯之忠，平生以郭嵩燾自況」。推崇他大才朔望，在當代各國的政壇中少見；他是一位兼具華夏文化道德修養、歐美民主科學精神，為國所重為世所需的人物。

拿尹、郭兩人比校，張九如有精闢的論斷。先論郭，「性情篤摯，目光銳遠，勤於求知，勇於任事，善於創始，敢於負責，成功不自居，遇難不苟免，臨財不苟取，是他們兩人大致相同的品質。不同的是，在處人方面，郭似質直太過，器量欠宏，行止偏愎，更不耐忍受橫逆，又多猜疑。愛護才俊雖殷，卻不甚鑑別，不免流於凶終隙末。在處事方面，每遇褊急之時，有所作

---

29 沈怡，「年譜初稿跋」，沈雲龍編著，《尹仲容先生年譜初稿》（台北：傳記文學出版社，1972），頁 1。

為，常患發之太驟，操之過激，並不免明於小計，忽於大謀，分神於尋常瑣屑。若遇盤錯之事，則又好從根源上疏剔，凡人人所隱蔽的，一概不容其自匿。其所以矜才好功，欠缺平正，廉介有餘而肆應無術，易犯意必固我之戒，可與適道可與立而未可與權，不能致人和政通之效，主要由於其所習的是制舉業，並於詞章之學，嗜成積習。功名之心，又甚濃厚，甚至對於湘陰文廟忽生靈芝之事，亦喜聞和其館選及拜廣東巡撫之命有關之說，遽鬧到與同年封侯的左宗棠互爭瑞兆，使得欽慕他的仲容先生亦不免為之歎惜，竟在給他編次的年譜中，寫上『亦可謂未能免於俗矣』這麼一筆。」

再說尹，尹則不然。他「生於郭氏後八十多年的時代，濡染於『家人做事總太負責，待人從來真誠，功則歸人，過則歸己』的庭闈。志學以後，兼習子史工藝，尤酷嗜因時因地因人因事制宜之道的呂氏春秋，曾歷 12 年的歲月，完成其校釋，每能用其心得於修己治事，更能自化其本身的弱點，形成介而不隘、直而不絞、敏而不疏、辯而不肆、樸而不愚的種種美德。他能應付最不易應付的新聞記者，使碰過他釘子的人，仍視和他抬槓、跟他往來是樂事。」

張九如從尹仲容的著作中，曾綜合歸納出尹氏對台灣經建方面的 17 項主張，茲簡列如下：

（1）要求人民緊縮消費，增加儲蓄。

（2）要求政府負責培育一個適當的投資環境。

（3）主張有計劃的經濟發展。

（4）主張扶植工業發展，維護自由競爭。

（5）主張實施保護政策，以樹立國家工業基礎。

（6）主張擴大民營範圍，以發展私人企業的優點。

（7）主張改善工業環境，促進事業發展。

（8）主張對內增加生產，對外擴展貿易，為解決台灣經濟問題的僅有途徑。

（9）主張單一匯率及放寬外匯貿易管制。

（10）主張經濟發展應從全面改革著手。

（11）主張建立一套完善的經濟制度與組織。

（12）主張不平衡的發展，側重投資於少數出口製造業。

（13）主張培養一個企業家階層，以解決台灣缺乏企業家的真正難題。

（14）主張反通貨膨脹政策，認為此舉不會阻礙經濟發展。

（15）主張開拓自力成長的新局面。

（16）主張建立健全的經濟設計機構，擬訂長期經濟發展計劃。

（17）主張經濟發展，須著重政府的領導，科學的重視，教育的改進。

　　尹仲容處在當年台灣經濟尚未起飛、百孔千瘡的環境中，他的苦心孤詣，他的湖南騾子脾氣，他抱持的像諸葛亮那種「鞠躬盡瘁，死而後已」精神，有人恨他，也有人懷念他。立委張九如在國會殿堂裡，常有機會與他作政策辯護，雙方不論私下場合的接觸或公開場域的交鋒，可以說是比較瞭解尹氏人品的一人。根據張九如的觀察，他對尹氏於財經方面的貢獻，有以下幾點

看法：

（1）他利用美援會，成為一個支持台灣全面經濟發展，並協助經濟穩定、控制通貨膨脹的機構。

（2）他是中日貿易的開路人，更是中信局東京辦事處的創辦人和開張人。他不眠不休，促成第一批賣給日本的糖，買進日本的肥料。

（3）他一接台灣銀行董事長，立刻緊縮金融，調整利率，控制貸款方向，充分發揮早期中央銀行的職能。

（4）他一接長外貿會，立刻調整匯率，使之趨於單一，並簡化管制，使貿易日漸自由。

（5）他在經建方面的擘劃，常痛感被不合時宜的法令規章所阻遏或變樣，即多方修正或新訂許多法律草案，以備完成立法程序。

（6）他對台灣經濟最大的貢獻是，他已提供了改革政治風氣的範例。經濟界人士一致稱道他有四項優點，即敢於改革，敢於負責，敢於說話，敢於認錯。

綜合言之，張九如認為，尹優於郭之處，不但言滿天下，亦行滿天下。其所以行與言並重，在其不似郭那樣專與同寅爭，好向知交鳴。同時，他自認，作為一個政府官員有義務將自己的辦法和意見公開，更有權利接受各方面的批評與建議。[30]

除張九如的長達數萬言的序外，尹譜還有沈怡與王

---

30 張九如序，《尹仲容先生年譜初稿》，頁 1-56。

作榮的跋，沈跋主要為讀者提示三點：

其一，指出張的長序，不僅憂國憂時之思躍然紙上，且能為逝者一生的思想志事和對台灣經濟建設的貢獻，作了一個總介紹和總結算。這非識透仲容為人行事者，不能有此鉅作。故沈怡在寫給張的信上稱道說：「尊序自始至終，一氣呵成，鈎玄提要，告往知來，仲容有知，必將欣然而呼曰：『九公誠我知己，這篇文章了不起』。」

其二，深信以編者耘農治學的勤勞，寫作的嚴謹，經多方蒐集資料和整理爬梳，必能將仲容的一生，完整的呈現於讀者之前。

其三，尹氏於 53 歲時，在仕途上曾遭受一場大挫折（指在中信局任內涉及揚子木材公司圖利遭解職案，尹譜有長達 170 多頁的詳細過程交待），其事錯綜複雜，不在此贅述。沈怡覺得，尹氏最了不起的地方，乃是他在這種境地，卻能處之坦然，寄情讀書寫作，孜孜不倦，因是乃有編纂郭譜的計劃。他這一寫作的動機，並非由於狹義的鄉土觀念，也不是因為純粹的歷史興趣，乃是因有所感而用來作寄託的。[31]

王作榮是位經濟學家，同時也參與許多經濟建設的擘畫工作。「壯志未酬」的他，以悲涼的心情看尹氏或「尹仲容作風」，頗有「知音」，兼以自況的感觸。在「代跋」一文中，王作榮首先肯定，尹氏是一位深受傳統文化洗禮的人，因此他的立朝、理事、待人，和他

---

31 沈怡跋，《尹仲容先生年譜初稿》，頁 1-4。

個人日常生活的氣質，都有古大臣風範。同時，他又是接受現代教育，長期居留國外與國際人士廣有交往，並不斷閱讀現代書籍的人。因此，小自本身出處、公私分際、責任和榮譽，大至決策應變，都深合西方所謂政治家風範。再加上他個人的智慧、勇敢、決斷和不自私的品格，便形成了所謂「尹仲容作風」。這樣的一個人，其所想的和所做的，自然會早人一步（即時下流行的「超前部署」），自然會與現實環境有一段距離，而不容易為多數人、為當代人所瞭解。

在王作榮的筆下，他對「尹仲容作風」有幾點正面的肯定，茲扼要分述如下：

其一，政府官員公開發表意見，應予鼓勵

尹氏是個愛寫文章、愛公開發表意見、愛開記者招待會的人，幾乎每天報上都有他的名字出現。此舉引起了很多的誤解和批評。王作榮從正面看待，認為這種作法，向社會灌輸了許多現代的經濟觀念，有助於政府與人民的雙向溝通，讓社會大眾明瞭政府的處境，才能支持和信任政府的改革措施，值得鼓勵。

其二，政府在經濟發展中的角色

台灣過去的經濟發展，政府始終扮演領導的地位：策劃、推動、獎勵、扶植、保護，但這種傳統、保守而無風險的地位，必須進化而創新。在促進經濟發展的前提之下，政府也必須分攤風險、呆帳、繳不出盈餘、個人毀譽的責任。

其三，全面改革與經濟起飛

尹氏引用經濟學家羅斯托的理論，指出一套政治、社會及制度結構的全面改革，才能帶動台灣經濟的全面起飛。然而這種全面改革距離他的職權太遠了，沒有桴鼓相應，尹氏的感覺是「從淒涼到蓋棺」。

其四，外匯貿易改革的苦衷

經濟管制往往有不利的影響，多是不得已的措施。尹氏的外貿改革，主要內容不外三點：（1）調整了匯率；（2）簡化匯率手續；（3）政策上從管制進口到鼓勵出口。這一來，使台灣經濟衝破了一道道關隘，得到了解放，以後便如同長江大河，一瀉千里，開創了民國47年（1958）迄今的一段高速經濟成長和高速的出口成長，締造了經濟起飛的新境界。

其五，他是一個愛國主義者

在王作榮筆下，尹氏是一個愛國主義者。他謀國之忠，憂國之深，出自肺腑，自然流露，令人感動不已。他是一個以天下為己任的人，他的愛國情操，抵得上多少個「中華民國萬歲」的口號，抵得上多少遍「效忠領袖」的誓言。[32]

筆者之所以不厭其詳的摘錄尹譜中的一序兩跋，是有特別用意的。一般而言，年譜的撰寫，大抵有兩大特

---

32 王作榮代跋，《尹仲容先生年譜初稿》，頁1-13。

點：一是對譜主，只作平舖直敘的編年式交待，不做褒
貶，讓史料自己說話，令人閱讀起來索然無味；二是它
的記事常與國內外發生的大小事情並行，交叉記錄，不
能作連貫性的一氣呵成，影響像閱讀傳記或回憶錄那樣
的專注心情。為此，想透過年譜瞭解譜主一生的經歷和
貢獻，是隔膜不足的。這是筆者亦著墨介紹同時代人物
評介之用意，希望以之聊補年譜之不足，並多少提供讀
者進一步瞭解譜主之參考。畫龍更需點睛，這是筆者區
區微意，不知讀者以為然否？

第九章　編纂、校訂、出版訪問：保存史料的貢獻

　　綜耘農一生，他不是一位以史學為主業和事業的研究工筆者，他應該是一位愛好史學、業餘客串從事的工筆者。作為一個業餘的近代史學者，他至少已出版了十七本專書，其成績比起學院裡一般以史學為專業的工筆者，絲毫不遜色。

沈雲龍於新店中央新村萃廬書房寫稿。李雲漢，〈紀念沈雲龍教授逝世二十週年：追憶沈雲龍教授〉，頁 65。

　　除了這一層難能可貴的成就外，耘農還是一位知識人、社會人、文化人以及忠黨（青年黨）愛國（中華民國），有滿腔熱血的國民，對知識的累積和文化的傳承

抱有責無旁貸、捨我其誰的重大責任。這類人念茲在
茲，除了本行本業的工作外，尚有一種外溢的角色要扮
演。這種外溢角色所創獲的成果和所造成的廣大影響，
有時不但不比本行本業所締造的成績遜色，至少平分秋
色，甚至還有過之而無不及。

第一節　為「文海」主編出版史料 彙編

　　政府播遷來台之初，軍事倥傯，兩岸隔絕，一切得
從頭做起，尤以史學有如斷了線的風箏，更待從新打
造，另闢一個新桃花源。史學研究，首重史料；史料之
蒐集與圖書之完備，並非唾手可得，往往是長年累積而
成。耘農有鑒於史料蒐集不易，數十年來一秉「上窮碧
落下黃泉，動手動腳找材料」的精神，僕僕風塵於國
內、香港、日本、美國等地公私各大圖書館多方尋覓蒐
集，或影印，或製成微捲，有時自己出資購買，有時想
方設法託人成全，於是先後為文海出版社（負責人李振
華），主編出版有「明清史料彙編」、「近代中國史料
叢刊正編」、「近代中國史料叢刊續編」、「近代中國
叢刊史料三編」、「袁世凱史料彙編」等珍貴一手史
料，為數已達三、四千種之多。耘農這種鍥而不捨，為
蒐集史料、建構史學研究新天地的毅力和精神，既不為
名亦不為利，值得大家肅然起敬。這些佔據各大圖書館
最醒目而又數量最多書架的精印套書，不乏海內外極為

少見的珍本和孤本。筆者過去有機會到大陸若干高校訪學，這批文海版數以千計的套書，往往被該校圖書館視為「鎮館之寶」，而且另闢「港、澳、台特藏室珍藏」，並只限教師與研究生可以參考借閱。此景此情，不禁讓筆者點滴在心頭，又想起耘農努力耕耘，廣造「史學福田」的偉大貢獻！

以下將這九種史料叢刊的主要內容，作一扼要介紹。

（一）《明清史料彙編》，台北：文海出版社，民國56年。

分初集（精裝8冊）、二集（精裝8冊）、三集（精裝10冊）、四集（精裝12冊）、五集（精裝10冊）、六集（精裝8冊）等，細目不及備載。

（二）《袁世凱史料彙編》，台北：文海出版社，民國55年。

全編包括《項城縣志》（張鎮芳重修）、《項城袁氏家集》（丁振鐸編輯）、《養壽園奏議輯要》（沈祖憲輯錄）、《容庵弟子記》（沈祖憲輯錄）、《洪憲記事詩本事簿註》（劉成禺著）等共41冊。

（三）《近代中國史料叢刊》，正編，台北：文海出版社，民國55年。1-100輯，計1,281冊。

（四）《近代中國史料叢刊》，續編，台北：文海出版社，民國62-72年。1-100輯，共1,078冊。

（五）《近代中國史料叢刊》，三編，台北：文海出

版社，民國 74-75 年。1-12 輯，共 121 冊。

（六）《中國水利要輯叢編》，台北：文海出版社，
民國 58 年，共 91 冊。

在第一集首冊《行水金鑑》（傅澤洪撰），附
載有沈雲龍前言，甚為珍貴，茲摘錄如下，以
明編叢書要旨。

「清道光間，吾鄉先輩馮務堂（道立）氏於其所
著《西園文鈔》中，闡論淮揚水患，惟裡下河為
最甚。每值淮水南潰，衝決運隄，高、寶、興、
泰、東五縣，遂為宣洩之尾閭。其平日未嘗不重
視疏導之方，無如運隄屢修屢決，入海之路復限
於地勢而梗阻，以致汪洋一片，盡成澤國，田禾
廬舍，悉被淹沒。（中略）凡此極言水患之烈，
初尚疑其過甚。及至民國十年、二十年身受目
睹裡下河兩度水災諸慘狀，動魄驚心，印象深
刻，始信其不誣。（中略）因留心蒐羅昔賢言
治水利之典籍，略事典藏，私衷發願，從事研
討，或可為經世致用之一助也。」

「惟水利究屬專門之學，如余之一無根柢者，自
難窺其門徑。益以頻遭戰亂，藏書散失，饑趨
四方，垂老無成，宏願久虛，深滋愧懼。適文
海出版社李振華君以輯印中國水利要籍為請，
遂不覺忘其譾陋以應之，爰為彙編若干種，陸
續影印出版，藉以稍償夙願於什一，兼寄望於
有志斯學之來者。近頃我國有數之水利權威學
者沈君怡博士，奉使巴西，歸國述職，荷其讚

許，益增精神上之鼓勵，特此致謝。」

（七）《中國名山勝蹟志叢刊》，台北：文海出版社，
　　　民國 60 年，58 冊。

（八）《政治官報》與《內閣官報》（光緒 33 年至宣
　　　統 3 年），台北：文海出版社，54 冊。
　　　清光緒 33 年（1909）9 月，在北京創刊，宣統
　　　3 年（1911）新官制內閣成立，遂改為《內閣官
　　　報》，由考察政治館辦理，每月發行。該報發
　　　行的背景，乃日俄戰後，日本立憲之效大著，
　　　清廷不得不下詔預備立憲，御史趙煩麟請辦官
　　　報，使人民明悉國政。故該報的宗旨，在使紳
　　　民瞭解預備立憲的實施。舉凡政治文牘，祥慎
　　　登載，其體類分下列十項：
　　　（1）諭旨、批摺、宮門抄；
　　　（2）電報、奏咨；
　　　（3）奏摺；
　　　（4）咨箚；
　　　（5）法制章程；
　　　（6）條約合同；
　　　（7）報告；
　　　（8）示諭；
　　　（9）廣告；
　　　（10）雜錄。
　　　以上諸項，有則登錄，不必具備。
　　　該報的發刊，顯示二千年皇室政治觀念之轉變，
　　　從「不知不識，順帝之則」的觀念，轉而揭示

　　朝廷的立法行政，開通人民的政治知識，對於
　　立憲運動的認識與開展，極有助益。[1]

（九）《政府公報》（民國元年 5 月至 17 年 6 月），
　　台北：文海出版社，294 冊。

　　國民政府印鑄局編印，係北京政府時期的政府
　　公報，凡 4,340 期，內容有政府命令、呈批、公
　　文、公電、通告、布告、判詞、附錄（包括章
　　程、法案和會議紀錄等），係研究民國史的重
　　要文獻。[2]

第二節　主編「中國青年黨黨史資料叢刊」

　　誠如前述，中國青年黨本來就是一群志同道合的書
生結合的社團，既大半出身文化教育界，而以搖筆桿、
辦雜誌起家，個個能文，人人抱著「書生報國，毛錐當
寶刀」的壯志宏願。早期創黨入黨的幾位元老，如曾
琦、李璜、左舜生等如此，稍後繼起的陳啟天、王師
曾、朱文伯等人亦莫不如此。青年黨人中，健筆成群，
辦刊物前仆後繼，以在野監督執政黨，促進憲政與民主
政治之實施，真乃書生本色，亦謂書生報國的主要資源

1　溫振華，〈政治官報〉，秦孝儀主編，《中國現代史辭典》，
　　史事部分（一），頁 545。
2　陳旭麓、李華興主編，《中華民國史辭典》（上海：人民
　　出版社，1991），頁 351。

是一枝筆。

在中國青年黨遷台初期，黨人有時評政論發表，率多以《民主潮》與《新中國評論》為園地。在黨人有回憶錄或個人文集將出版時，亦多掛名這兩個雜誌社予以出版。筆者所見之《朱文伯回憶》於民國74年（1985）透過民主潮社予以發行；而《王師曾先生遺集》於民國73年（1984）出版時，則僅註明印製者「協林印書館」與資料彙輯者「蕭傑英」，而獨缺發行者或出版者，顯見體例、規格不一，有的可能由公費資助出版經費，有的也許由遺族後人出錢印刷，似乎各憑關係，各顯神通，莫衷一是。

自中青成立黨史委員會（可能仿自中國國民黨黨史委員會），以近代史學家沈雲龍為主任委員之後，在其主編之下，從封面到版權頁始有較為統一的設計，權責亦分明。即此一小事，足見中國青年黨事在人為，有進步。

在耘農這位行家策劃主編下，自民國72年（1983）起共出版黨史資料叢刊11種，設計封面採黃皮黑字，每一種在書前都有耘農所撰「前言」，對於資料內容和價值都有簡短說明，茲分述如下。

（一）**《中國青年黨的過去與現在》**，第一冊，72年5月

是書「係民國18年12月2日中青成立六週年紀念日初版印行，全書共188頁。嗣於民國21年5月改訂三版，增至274頁。舉凡該黨自創黨以來歷經6次代表大會宣言及政策大綱，與乎對時局主張的重要文告，悉

予輯入，藉廣流傳。然發行未久，即於是年 7 月 8 日，
以宣傳國家主義，遭受通令查禁，殊為遺憾！

　　洎後，該黨言論刊物，備受諸種限制，迨抗戰軍
興，禁令始稍寬弛，而屢經戰禍，輾轉流徙，本黨公私
貯藏文件資料，散佚難以數計。迨播遷來台，於爐餘劫
灰中，收拾殘闕，殆已什不及一，而本書兩種版本獨能
倖存天壤，披覽重溫，感喟無窮。⋯⋯

　　爰將本書改訂三版，照原式先行影印，列為第一
冊；至21年以迄今茲有關宣言文告，則列為第二冊。」

　　民國 72 年（1983）3 月，耘農「奉命承乏該黨黨
史會，承李主席幼椿先生殷殷以編撰黨史相屬，深以才
力不勝，因擬議先整理編印『中青黨史資料叢刊』為著
手初步。」「除本書外，其他有待輯印者尚不下十餘
種，自將於最短期間，陸續展現於讀者之前，期能有助
於邦人君子及中外史學家對中青黨史有深切之了解，而
黨內新進同志亦可藉此體認該黨創建締造之艱難，日益
堅強其對國家主義的信念，共同為反共復國實行民主憲
政而奮鬥，斯則區區之大願也已。」[3]

（二）《國體與青年》

　　本書係曾琦所著，民國 8 年（1919）1 月初版，後
由黃欣周主編，於民國 80 年（1991）5 月再版，仍列
入中國青年黨黨史委員會史料叢刊，第 2 種。此時耘農
已逝世多年，不及親見本書之問世。

3　沈雲龍撰「前言」，沈雲龍主編，《中國青年黨的過去與
　　現在》（台北：中國青年黨黨史資料委員會，1983）。

　　是書之可貴，封面有蔡元培、李璜之題字，前有胡適、陶履恭、魏嗣鑾、林傳甲、郭步陶五人作序，後有李大釗、周太玄、王光祈、陳淯五人作跋，另有青年史家陳正茂以〈珠沉滄海四十年〉為題，對筆者撰寫本書之動機，以及此一乃海內外孤本，透過多位學者之輾轉相助，始獲重見天日，再版付梓的經過作了說明。[4] 這種踏破鐵鞋找資料的精神，便是耘農精神的繼承與發揚。

（三）《抗戰建國中之中國青年黨》、《中國青年黨黨史・政綱》

　　本書分成兩部分，依耘農之書前說明，中青於抗戰期間及大陸淪共前，曾出版有關黨史的書籍兩種：一是左宏禹同志編的《抗戰建國中之中國青年黨》，於民國28年由成都國魂書店印行；二是本黨先進名史學家常燕生先生編的《中國青年黨黨史・政綱》，於民國36年（1947）由上海大光書店印行。前者屬於資料性的，後者則為較有系統的敘述。歷經國家變亂，此兩書在海內外已屬罕見，爰加景印，以供同志及國人的參考。[5]

（四）《曾慕韓（琦）先生年譜日記》，72年8月

　　原名《愚公自訂年譜》，係中青曾故主席慕韓於民國23年（1934）9月寓居重慶時寫成，敘其家事生平，自一歲至四十三歲，舉凡留學日、法，辦報創黨，與乎

4　曾琦著，黃欣周主編，《國體與青年》（台北：中國青年黨黨史委員會，1991，台一版）。

5　沈雲龍撰「說明」，沈雲龍主編，《抗戰建國中之中國青年黨》、《中國青年黨黨史・政綱》（台北：中國青年黨黨史委員會，1983）。

提倡國家主義全民政治，反對共產主義及一黨專政之艱苦奮鬥，備受國共兩黨之夾攻與壓迫，均可窺其大略。嗣以奔走國難，號召團結抗日，不遑寧處，未能續寫。原稿由已故同志周寶三繕於練習簿，間有先生改正手蹟，至可寶也。民國40年（1951）5月，先生逝世美京，享年60歲。此稿本由隨侍先生最久之程光復同志交耘農保存，藏諸篋中垂30載矣，知者無多，自應公諸於世，傳之久遠。

至「旅歐日記」附「歸國日記」，係慕韓先生自民國12年（1923）1月至民國13年（1924）12月之日記，其間敘中國青年黨創黨於巴黎，及歸國至滬創刊《醒獅週報》之經過甚詳，實為中青黨史之第一手資料。

「丁亥日記」係慕韓先生自民國36年（1947）4月9日迄9月8日之日記，雖養痾南京中央醫院，仍關心國事黨事大計，與各方函電交馳，逐日均有記載，其中頗多重要資料，如行憲過渡時期，國民、青年、民社三黨共同施政方針之簽署，中青參加國民政府及行政院人選之安排，對中蘇邦交及魏德邁將軍來華所發表談話之嚴正，與乎二次國難論之精闢，倡導政治家之三風——風度、風骨、風誼等等，決不以時空移易，而損其歷史意義與價值。

上項日記，原收入民國43年（1954）12月中青出版之《曾慕韓先生遺著》中，特擷出與「自訂年譜」，一併景印，末附耘農稿〈曾琦先生傳〉，長達19頁，

藉供當代賢達及中青同志之參考。[6]

（五）《國家主義論文集》，第一集，民國 72 年 9 月

　　本集輯有論文 17 篇，散見於《醒獅週報》、《少年中國》、《中華教育界》、《新聞報》、《教育彙刊》、《新教育》六種出版品，係中青黨人鼓吹國家主義之文字之一部分，筆者有李璜（4 篇）、曾琦（2篇）、陳啟天（6 篇）、靈光（2 篇）、余家菊（1篇）、陳逸凡（1 篇）、吳俊升（1 篇）。

　　本集雖納入耘農主編序列，但耘農僅作簡單「說明」，原為少中學會叢書之一，於民國 19 年（1930）以「宣傳國家主義」遭禁，遂成絕版。原編者於民國 14 年（1925）3 月 3 日有一簡短附記，有云：「吾人感於國內割據之形勢已成，外來之侵略方興未艾，而異說紛起，國民思想久已失其重心，非以國家主義齊一國人之心志，將無以挽此危局。」

　　「抑吾人為言論而言論，蓋將本此原則以應用於各種實際問題；而排去國際主義、世界主義種種浮說，一以國家主義之精神貫徹今後之教育宗旨，尤為吾人所願首先致力者。」

　　「世變方劇，自救之機會無多，邦人君子，倘有為同聲之應者乎？是固吾人所祝禱者也。」[7]

6　沈雲龍撰「說明」，沈雲龍主編，《曾慕韓（琦）先生年譜、日記》（台北：中國青年黨黨史委員會，1983）。

7　沈雲龍撰「說明」暨原編者序，沈雲龍主編，《國家主義論文集》，第一集（台北：中國青年黨黨史委員會，1983）。

（六）《近三十年見聞雜記》（左舜生）、《江西紀游》（李璜），民國 73 年 7 月。

《近三十年見聞雜記》係中青已故主席左舜生於民國 40 年（1951）4 月寓居香港時所寫，敘其個人有關少年中國學會、五四運動、九一八事變、七七抗戰前後數度應邀晤蔣，及參加國民參政會、民主政團同盟、訪問延安與國共和談破裂的及身經歷，提供第一手資料，為歷史作見證，極為珍貴。

《江西紀游》係中青李璜主席幼椿先生於民國 23 年（1934）11 月在成都所寫，追述其兩月前受四川安撫委員會諸耆老之託，由蓉經渝、宜飛贛，向軍事委員會南昌行營洽商川省剿匪問題，並至牯嶺晤蔣，接受招待參觀臨川、廣昌、黎川等收復區善後設施，富有政治意義，與一般遊記不同。

按民國 23 年（1934）夏秋之交，左舜生與李璜兩主席先後至廬山，與國民黨最高領袖蔣委員長中正，就抗日、剿匪兩問題交換朝野意見，實為中國政黨史開一新紀元，亦為民國 27 年（1938）國青兩黨交換函件奠其初機，更為抗戰勝利後共同制憲行憲之重要關鍵。中青夙以國家利益為重，黨派利益為輕，個人利益更微不足道。寧犧牲小我，以成就大我，有如林則徐詩云：「有利國家生死以，不因禍福避趨之！」此種為國奮鬥之艱辛歷程，容或不為外人所盡能了解，爰將上兩書景印，以供本黨新進同志及熱心政治運動者之參考。[8]

8　沈雲龍撰「說明」，沈雲龍主編，左舜生原著，《近卅年

（七）李璜著，《學鈍室回憶錄》

　　原書於民國 62 年（1973）由傳記文學出版社出版，後於民國 74 年（1985）收入沈雲龍主編之「中國青年黨黨史資料叢書」第7種。因未見該書，無法多作說明。

（八）陳啟天著，《反俄與反共》

　　沈雲龍主編的這套中青資料叢刊，有的與傳記文學或文海出版社出版的「近代中國史料叢刊」互見，有時序號稍見出入，並不一致。

　　本書版本取自文海，依陳啟天於民國 17 年（1928）在上海自敘，原名「反共須知」，附「共產黨的秘密」，全書計 362 頁，耘農未附「再版序」或「說明」。

　　據其著書有兩個希望，一希望一般反共人士真正了解共產黨本質與活動，始可得到徹底反共的方法與態度；二希望與黨中的青年黨員，在俄國指揮搞活動甚至暴動的結果，只是犧牲國家和人民，甚至連自己也受連累犧牲了，並無成功的希望。[9]

（九）常燕生遺著，《政論與時評》，黃欣周編，沈雲龍校。本書分上、下兩冊，都 885 頁，由文海出版社再版，並無耘農作序或說明。

　　常燕生（1898-1947），本名乃悳，山西人，北京高等師範學校畢業，學生時期即積極參與新文化運動和

　　見聞雜記》；李璜原著，《江西紀游》（台北：中國青年黨黨史委員會，1984）。

9　陳啟天，〈反共須知敘言〉，沈雲龍主編，《反俄與反共》，收入《近代中國史料叢刊》，三編第三輯（台北：文海出版社），頁 1-3。

五四運動，常在《新青年》投稿，深受主編陳獨秀與胡適之賞識。胡適一生交遊滿天下，卻較少與曾琦、左舜生、余家菊、陳啟天等青年黨領袖來往，常燕生是少數的一位。[10]

本書最早由常燕生七旬誕辰紀念委員會印行，共收常氏生前所發表的政論與時評 155 篇，另附錄 5 篇，有「歐戰縱橫談」等專文，頗具可讀性。[11]

（十）余家菊，《領袖學》、《回憶錄》，75 年 7 月

耘農對兩書的再版，有一簡短說明：

「余家菊（景陶）先生著《領袖學》，初版於民國18 年（1929）1 月，再版於民國 21 年（1932）9 月，風行一時，爭相購閱。一度查禁，以其論及領袖之權術，疑有影射，為當道所不喜。現事逾半世紀，該書已近絕版，爰付景印，凡從事政治活動者不可不讀。」

「民國 35 年，值余先生 50 歲，寫成《回憶錄》52則，於 37 年上海出版。次年，大陸易手，該書銷行不廣。爰選錄其中治學經歷與有關黨史者 29 則，一併景印，以供參考。」[12]

（十一）《中國共產黨之來源》，民國 76 年 5 月

據筆者所知，沈著《中國共產黨之來源》至少有三種版本，這可以說是他行不改姓、坐不改名，正大光明

---

10 陳正茂著，《逝去的虹影——現代人物述評》（台北：秀威資訊科技，2011），頁 97。

11 黃欣周編，沈雲龍校，《常燕生先生遺集》（台北：文海出版社）。

12 沈雲龍撰「說明」，沈雲龍主編，余家菊著，《領袖學・回憶錄》（台北：中國青年黨黨史委員會，1986）。

出版的第一本學術著作（民國 48 年〔1959〕12 月），
也是他猝逝前列入自己主編的「中國青年黨黨史資料叢
刊」的第十一種書，更是他臨終前出版的最後一本書
（民國 76 年〔1987〕5 月）。前後相距近 30 年，滄海
桑田，變換何其大。從初版的 92 頁，到最後一版的擴
充至 172 頁，增加近一倍，亦見耘農學術專業成長的軌
跡，當然亦包含耘農個人人際網絡的擴增。以下是本書
的新版「前言」。

　　「《中國共產黨之來源》初版於民國 47 年（1958）
12 月，由自由中國社發行，嗣改由文海出版社發行
二、三版，銷行海內外，甚獲佳評。茲再合以〈中國
共產主義的形成過程〉及〈從歷史觀點勸告中共放棄
共產制度〉兩篇，一併付梓，以示個人研究中共問題
之心得。」

　　「另〈先總統蔣公對青年的機遇〉一篇，記述國、
青兩黨關係改善之經過，溯自中青創黨以來，提倡國家
主義，堅守反共立場，曾勸阻孫中山先生放棄聯俄容共
政策而未見採納；其後雖清除共黨，而仍以「反革命治
罪法」及「危害民國緊急治罪法」，科吾人以「宣傳與
三民主義不相容之主義」的罪名，處 5 年以上 15 年以
下有期徒刑，其嚴酷為近代民主政黨政治國家所罕見。
迨「九一八」瀋陽事變發生，國難嚴重，共禍日深，先
統統蔣公高瞻遠矚，知非全民團結不足以安內攘外，由
是而以交換文件方式承認中青的合法地位，並奠定以後
制憲、行憲的合作基礎。此一重大轉變的有關資料，應
為治民國史者所重視。」

　　「摯友陳三井博士簡介本人生平及著作目錄，原載
《近代中國史研究通訊》第 2 期，過承揄揚，殊增愧
赧，復荷李國祁博士、邱秀文學棣、蘇樹先生景印拙文
或篇目寄示，盛情尤深感謝！爰再依據人文月刊雜誌論
文要目索引，加以補充，附於本書之末，以為個人寫作
生涯五十年之紀念云爾！」[13]

第三節　口述歷史訪問的貢獻

一、口述歷史的定義

　　所謂「口述歷史」（oral history），套一句旅美史
學家唐德剛（1920-2009）的話，並不是個「新鮮的玩
意」，而是「我國歷史學裡古老傳統」。十口相傳，即
為「古」，可惜這個了不起的「口述」傳統，後來我國
的史學界卻沒有認真的承繼。

　　嚴格來說，「口述歷史」只是一種蒐集史料的方法
和技巧，有人把它看成「雕蟲小技」，甚至視為「旁門
左道」。雖然美國的哥倫比亞大學早就開講「口述歷
史」的課程，講授其方法與理論，但直到目前還說不上
是一門可以單獨成立有系統的學問。

　　無論如何，這是一個舶來的新名詞。談到這個時髦
的新名詞，不能不提一位美國口述歷史的靈魂人物，他

---

13 沈雲龍撰，「前言」，沈雲龍編著，《中國共產黨之起源》
　　（台北：中國青年黨黨史委員會，1987，增訂本）。

就是哥大口述歷史的創辦人芮文斯（Allan Nevins）教授，他這樣說：「口述歷史，係透過慎重訪談，能抓住私人思想、個人願望以及因太忙以致無法撰寫個人紀錄之領導人物的生活。」作為一種定義，這並沒說得很完整。事實上，也很難為「口述歷史」下一個「放諸四海而皆準」的定義。美國口述歷史學會前會長唐諾・里齊（Donald A. Ritchie）則說：「口述歷史是以錄音訪談（interview）的方式蒐集口傳記憶以及具有歷史意義的個人觀點。」由此可見，口述訪談應以具有歷史意義的人物和材料為前提。

在台灣，首開口述歷史訪問風氣的是中央研究院近代史研究所，創所人郭廷以先生對口述歷史的訪問夙極重視。他在所擬的「民國口述訪問計劃大綱」，曾特別指出，「凡與民國軍政、外交、文教、經濟、社會直接有關之重要人物，均在訪問之列。」旨在「保留一個忠實而深入之紀錄，以供歷史之研究。」這說明了口述歷史的性質和訪問對象。其後，國史館、中國國民黨黨史委員會以及若干民間出版社或私人口述協會，也相繼模仿推動。

由上可見，口述歷史計劃乃由從事工作人員訪問相關人物，記錄並整理其一生經歷，依時序詳述其家事、教育、師友、生平經歷、思想事功，再繕寫或以電腦輸入成定稿。至於是否立即公開或出版，或俟當事人死後若干年後方行出版發表，則悉聽受訪人或其家

屬做決定。[14]

二、耘農的口述歷史觀

　　被唐德剛教授譽為「一人敵一國」的「野史館」館長劉紹唐，於民國 51 年（1962）6 月獨立創刊《傳記文學》，前後經營近 40 年，為民國史的研究挖掘了許多寶貴資料，於當代史的研究具有激勵的重大貢獻。劉紹唐創辦雜誌伊始，為了揭櫫刊物的想法和作法，特邀請各家執筆，推出一系列專文，闡明傳記與文學、政治學、文化人類學、教育學、口述歷史等領域的關係，前後共十餘篇，等於開宗明義訂下界限，做為雜誌徵稿取捨的標準。耘農曾撰〈口述歷史與傳記文學〉一文（以下簡稱沈文），刊於 2 卷 5 期，此乃耘農發表在《傳記文學》的第一篇文稿，也可能是唯一談口述歷史的作品，正是筆者在此所要討論的重點。

　　沈文的內容，主要分成三部分。

　　第一部分，耘農介紹清代大史學家章學誠（實齋，1738-1801），在主持修纂《永清縣志》時，為了要將「貞節孝烈」婦女們的事蹟，採入縣志的《烈女列傳》之中，而又不滿意一般方志的《烈女列傳》的體例，以為「文多雷同」，使「觀者無所興感」。因此，他特別親自訪問永清縣「貞節孝烈婦女」中的「見存者」五十餘人，或「安車迎至館中」，或「走訪其家」，讓她們

---

14 陳三井，〈沈雲龍對口述歷史的貢獻〉，《僑協雜誌》，第 186 期（2021.04-05），頁 63-67。

自述生平，並且「引端就緒」，詳為發問，然後根據她們所說的種種「悲歡情樂」的各個不同材料，分別為之詳寫傳記。這種傳記，不只是確實可信，而且也特別生動感人，和通常各州縣地方志的《烈女列傳》都是寥寥數十字或百餘字，千篇一律的公式化刻板文章，便大不相同。章氏所用的這種方法，正是現在中外流行的「口述歷史」。換言之，國人以為西風東漸的「口述歷史」，早在二百年前章學誠便已利用過了。

　　第二部分，沈文引張孝若撰《南通張季直先生傳記》，胡適因作序感想，提及晚清到民國若干重要人物，如洪秀全、胡林翼、曾國藩、郭嵩燾、李鴻章、張之洞、張謇、嚴復、袁世凱、盛宣懷、康有為、梁啟超、孫中山等，都應該用生動傳神的大手筆來記載他們的生平，用繡花針般細密工夫來考證他們的事實，用大刀闊斧的遠大識見來評判他們在歷史上的地位。

　　第三部分，運用「口述歷史」的方法，保留下來的部分的或完整的紀錄，可供後人撰寫新體傳記。這項近代式的傳記，據胡適留學日記，其內容應包含以下幾項：

（1）家世；

（2）時勢；

（3）教育（少時閱歷）；

（4）朋友；

（5）一生之變遷；

（6）著述（限於文人）、事業（政治家、軍人）；

（7）瑣事（無數，以詳為貴）

（8）其人之影響。

沈文並大聲疾呼，在大學執教的史學教授，起而行指導並帶領他們的學生，以崇拜大人物的心理，發揮史才、史識、史德所謂「史家三長」，針對在台 70 歲左右的各界有卓越成就的人物，進行訪談並留下詳實的紀錄。如此「不僅對往後民國史的編纂將有極大的幫助，即作為他們個人的傳記或回憶錄來看，也是饒具意義的。」[15]

三、主持近史所「口述歷史計劃」的貢獻

中央研究院近代史研究所於民國 44 年（1955）2 月創立後，其重要工作之一即是口述歷史訪問，由部分研究人員訪問軍政、財經、文教等各界有重要經歷之人物，請其口述生平學經歷、見聞，再由年輕助理錄音記錄，加以整理。此一工作於民國 48 年（1959）10 月由所長郭廷以規劃，並邀請黨政網絡兼人際關係良好的近代史學家沈雲龍協助主持，前後與美國哥大「口述歷史計劃」（Oral History Project）合作，再接受美國福特基金會資助，先後參加訪問工作同仁達 20 餘位，得稿逾千萬字之鉅。

耘農以客卿身分，主持此項訪問工作，自 1960 年代開始至 1972 年為止，前後長達 12 載有餘。茲將受訪者已出版紀錄開列如下，並註明出版時間於後。

<hr>

15 沈雲龍，〈口述歷史與傳記文學〉，《傳記文學》，2 卷 5 期（1963.05），頁 4-5。

凌鴻勛（1982）　　周雍能（1984）　　王奉瑞（1985）

王鐵漢（1985）　　于潤生（1986）　　劉景山（1987）

齊世英（1990）　　劉航琛（1990）　　鍾伯毅（1992）

傅秉常（1993）　　萬耀煌（1993）　　張知本（1996）

關德懋（1997）　　劉承漢（1997）等人

　　另已訪問完畢，惟訪問稿尚未出版者有丁治磐、張維翰、田培林、趙恆惕、何成濬、石敬亭、秦德純、熊克武、孫連仲、李文彬、張其鍠夫人、黃郛夫人、陳言、王懋功、劉汝明、李品仙、邵百昌、雷殷、黃季陸、董彥平、張果為、黃恆浩、文群、龔浩、阮毅成等數十人，不及一一備載，累積之訪問成果約五百萬字之鉅。

　　關於耘農主持近史所口述歷史訪問的貢獻，《傳記文學》發行人劉紹唐有公允而客觀的評價。他認為，耘農是第一位執行、主持、指導這項工作的人，說他是口述歷史的「拓荒者」也不為過。他長期樂此不疲的擔任此項工作，乃他一生最值得大書而特書的一項工作紀錄，更是他最近三十年保存當代史料最了不起的一項貢獻。[16]

　　口述歷史不是人人可做的「雕蟲小技」，更非不入流的「旁門左道」，現代式新傳記的撰寫，需要借重口述歷史的三件「法寶」——生動傳神的大手筆、繡花針般的細密工夫，以及大刀闊斧般的遠大見識來達成。前

---

16 劉紹唐，〈敬悼本刊編輯顧問沈雲龍教授〉，《傳記文學》，51 卷 5 期（1987.11），頁 10。

輩先賢已為我們指引出一條康莊大道，後繼者當能承先
啟後，繼往開來的予以發揚光大，共同為中華文化的博
大精深，開拓出更燦爛輝煌的篇章。

後記（代結論）

　　學術乃天下公器，治史而能具有專長特色，成一家之言，並在史學界享有令譽盛名，決非學院派科班出身者的專利和獨享事功。若家學淵源，兼或具備先天稟賦，並有志同道合之士相互切磋激勵，以文會友，加上後天的不斷努力，同樣可以建功立業，位列受人欽敬的史冊，永垂後世。古今中外，早已不乏先例。耘農既非學院派亦非科班出身，堪稱「無師自通」，他的努力和治史成就，在台灣近代史學圈可謂獨樹一幟，尚不多見，值得同道同業同行之肯定。

　　耘農勤於寫作，治史成果豐碩，後期主要以《傳記文學》為發表園地，幾乎期期有大作刊登，刊出後繼之以出版專書行銷流傳，故聲譽隨之鵲起，成為該雜誌三大「台柱」之一。在《傳記文學》所謂三大「台柱」之間，若與吳相湘比較，他的結緣與出道不如吳早。雖然單就發表文章的篇名索引論，耘農比吳多（9 頁 vs. 4 頁），但以《傳記文學》名義出版的專書，卻不及吳多（7 種 9 冊 vs. 9 種 17 冊），何況即以吳所出版的《民國百人傳》（4 冊）和《民國人物列傳》（2 冊）而論，其所涵蓋之民國人物的重要性和廣泛度，確比耘農所撰的黎元洪、徐世昌、黃膺白、尹仲容等人物寬宏，較能為一般讀者所接受和歡迎。這或許可有一種解釋，即北京大學科班出身的吳相湘，較能掌握歷史主流脈動，而耘農僅只是為了興趣而寫作，為學術而學術，並未顧及

讀者的口味和市場趨勢。

至若另一「台柱」唐德剛，更是中央大學歷史正途和留美名校出身，他所留下的「唐氏五書」：《胡適雜憶》、《胡適口述自傳》、《五十年代底塵埃》、《史學與紅學》、與《書緣與人緣》，文筆活潑俏皮，最合喜歡傳記文學者口味，值得一讀再讀。惟其純為野史殿堂客卿，謙謙君子，大肚能容，一切隨緣，不爭也不計較，他在乎的可是「青史憑誰定是非」！

此外，耘農之所以獲得「野史館」館長劉紹唐的特別禮遇和尊重，聘為編輯顧問，而且有稿必登，長稿連連卻不嫌，甚至偶有缺稿必先向其徵求等，同樣也與耘農的不執著、不計較的豁達大度有關。想當年，劉紹唐把《傳記文學》辦得像華人世界一座人人想一親芳澤的「護國神山」，而劉、沈之間又能維持數十年如一日的情誼，始終和諧，並不容易。換句話說，耘農治史生涯之所以一路順遂，與《傳記文學》這塊「金字招牌」保持良好關係，藉《傳記文學》這塊園地所發揮的人際網絡廣布，恐也是一個重要而不可忽視的因素。總之，水幫魚，魚幫水，兩者相需相求，互動關係和諧良好，這何嘗不是為《傳記文學》留下一段佳話。

無可諱言，耘農是位傳統式的老派讀書人，他的閱讀，不常在書上劃紅線，不興製卡片，也不做筆記，他無論寫作或治史，用的是土方法手工業，他沒有助理，道地是「單幹戶」，徹頭徹尾是「獨行俠」，更談不上網路查詢，電腦操作等現代書寫工具之輔助。他完全靠自己，長處是好學、博覽群書，隨時隨地廣搜史料，像

蜜蜂採花釀蜜一樣。更難得的是他記憶力過人，能過目不忘，大腦就是他儲存資料的電腦，等到寫作時，便可信手捻來，一氣呵成，下筆千言萬語不能自己。有謂，學歷是銅牌，能力是銀牌，人脈是金牌，思維是王牌。綜耘農一生，他雖不像若干運動明星一樣，有「大滿貫」、「金滿貫」等如意收穫，但已盡心盡力，其他便可不必深較矣！

沈雲龍逝世當日，主持《全民雜誌》舉辦的專題研討會。陳正茂，〈追憶先師沈雲龍先生〉，《傳記文學》，91卷4期，（2007.10），頁73。

　　一般而論，耘農治史，不僅量多質佳且速，更加慘淡經營之專且久，故其知人論事，言必有自，特別令人折服。昔劉知幾嘗論，治史必才、識、學三長。論耘農之才，稟賦與生俱來；論其識，則得之時代憂患經驗之累積。至於學，則半緣於早年植基，半緣於中年以後之

心血灌注。[1]大抵是平實之論。

　　耘農係青年黨黨員，黨中不乏史家史才，人才濟濟。耘農為文治史，前有曾琦在抗戰時期對他的啟迪點撥，茲再引介另一史家左舜生對其史著的論評和鼓勵，曰：「其完整與正確，決不在近人薛福成、惲毓鼎、梁啟超、羅惇融諸家所寫這類文字之下。」[2]亦非完全溢美之詞。

　　綜觀耘農積三十餘年治史之經驗，無論對史料的考釋，或短篇外交人物的析論，乃至長篇政治人物的評論，大致已自我發展出一套顛撲不破的史學方法，茲歸納幾項原則如下：

1. 對史事不任意歪曲，對人物評價心中自有一把尺；既不厚誣，亦不瞎捧。

2. 決不人云亦云，隨便苟同；更不引洋自重。

3. 不以成敗論人，更不敢忘是非之公道。

4. 盡量提供客觀史實，而排除主觀成見；論人物之功過，讓讀者體會自行研判。

5. 遵從「信以傳信，疑以傳疑」的中國史家治史傳統，也即有幾分證據說幾分話，絕不武斷遽下結論。[3]

　　以上五項，可視為耘農個人長期治史的心得和座右銘，亦係史家最應遵守奉行的基本規範。

1　〈沈雲龍先生行述〉，參閱《沈雲龍先生紀念集》，頁20-21。

2　沈雲龍，〈我的自白——為什麼寫《徐世昌評傳》〉，頁27。

3　陳三井，〈學人簡介：沈雲龍〉，頁71。

　　俗云：「有事，弟子服其勞」，筆者雖然前後發表過四、五篇有關耘農生平與治學蜻蜓點水式的剪影，但正式為其寫傳，這可是第一遭。

　　「往者已矣，逝者可追」，雖說「行者常至，為者長成」，但願藉本書的出版，讓耘農不屈不撓奮鬥一生的經歷，以及他為文治史的豐碩成果，廣為流傳，則筆者心願可了，責任可達；並進而以此書緬懷耘農先生待人處世的風範，更盼他的這些經歷、成果和風範，為人世間留下一段佳話。

參考徵引書目

- 《中國青年黨建黨五十週年紀念特刊》，中國青年黨中央黨部，1973。
- 中華民國年鑑社編，《中華民國年鑑》（民國51年）。
- 中華民國年鑑社編，《中華民國年鑑》（民國76年）。
- 平江不肖生，《留東外史》，長沙：岳麓書社，1988，重印本。
- 《左舜生先生紀念集》，中國青年黨中央黨部，1971。
- 朱文伯，《朱文伯回憶錄》，民主潮社，1985。
- 黃郛原著，任育德主編，《黃郛日記》（1929-1936），香港：開源書局；台北：民國歷史文化學社，2019。
- 呂芳上策劃，《蔣介石的親情、愛情與友情》，台北：時報文化，2011。
- 汪榮祖，《走向世界的挫折：郭嵩燾與道咸同光時代》，台北：東大圖書，1993。
- 李慶平，《虹橋文集：心繫兩岸》，台北：中國怡居文化事業，2020。
- 李璜，《學鈍室回憶錄》，台北：傳記文學出版社，1973。
- 李敖，《蔣介石研究》，續集，台北：天元公司，1987。
- 李敖，《蔣介石研究》，第4集，台北：李敖出版社，1987。

- 李又寧主編，《慶祝吳教授相湘先生九十華誕論文集：近現代中國的主流與領航者》，紐約：天外天出版社，2002。
- 吳相湘，《三生有幸》，北京：中華書局，2007。
- 沈雲龍，《中國共產黨之來源》，台北：民主潮社，1959。
- 沈雲龍，《中國共產黨之來源》，台北：中國青年黨黨史委員會，1987。
- 沈雲龍，《現代政治人物述評》，台北：文海出版社，1966。
- 沈雲龍，《黎元洪評傳》，台北：中央研究院近代史研究所，1963。
- 沈雲龍編著，《中國近代史大綱》，台北：世界新聞專科學校，1971。
- 沈雲龍，《近代外交人物論評》，台北：傳記文學出版社，1968。
- 沈雲龍，《康有為評傳》，台北：傳記文學出版社，1969。
- 沈雲龍，《近代史料考釋》，第一集，台北：傳記文學出版社，1969。
- 沈雲龍，《近代史料考釋》，第二集，台北：傳記文學出版社，1969。
- 沈雲龍，《近代史料考釋》，第三集，台北：傳記文學出版社，1970。
- 沈雲龍，《近代史事與人物》，台北：文海出版社，1978。

- 沈雲龍編著，《尹仲容先生年譜初稿》，台北：傳記文學出版社，1972。
- 沈雲龍編著，《黃膺白先生年譜長編》，上下冊，台北：聯經出版事業公司，1976。
- 沈雲龍，《耘農七十文存》，台北：汲古書屋，1979。
- 沈雲龍，《徐世昌評傳》，台北：傳記文學出版社，1979。
- 沈雲龍，《民國史事與人物論叢》，台北：傳記文學出版社，1981。
- 沈雲龍，《民國史事與人物論叢續集》，台北：傳記文學出版社，1988。
- 沈雲龍先生治喪委員會，《沈雲龍先生紀念集》，1987。
- 沈雲龍主編，《中國青年黨的過去與現在》，台北：中國青年黨黨史委員會，1983。
- 沈雲龍主編，曾琦遺著，《國體與青年》、《中國青年黨黨史‧政綱》，台北：中國青年黨黨史委員會，1991。
- 沈雲龍主編，《抗戰建國中之中國青年黨》、《中國青年黨黨史‧政綱》，台北：中國青年黨黨史委員會，1983。
- 沈雲龍主編，《曾慕韓（琦）先生年譜、日記》，台北：中國青年黨黨史委員會，1983。
- 沈雲龍主編，《國家主義論文集》，第一集，台北：中國青年黨黨史委員會，1983。

- 沈雲龍主編，左舜生原著，《近卅年見聞雜記》；李璜原著，《江西紀游》，台北：中國青年黨黨史委員會，1984。
- 沈雲龍主編，陳啟天原著，《反俄與反共》，收入「近代中國史料叢刊」三編第三輯，台北：文海出版社。
- 沈雲龍主編，常燕生原著，《政論與書評》，台北：文海出版社。
- 沈雲龍主編，余家菊原著，《領袖學‧回憶錄》，台北：中國青年黨黨史委員會，1986。
- 沈雲龍主編，《李璜先生近五年言論集》，台北：中國青年黨黨史委員會，1983。
- 林美莉編輯校訂，《王世杰日記》，上下冊，台北：中央研究院近代史研究所，2012。
- 林桶法，《1949 大撤退》，台北：聯經出版事業公司，2009。
- 邱秀文，《智者群像》，台北：時報文化，1977。
- 梁實秋等著，《我的第一步》，上冊，台北：時報文化，1972。
- 郭廷以，《郭量宇先生日記殘稿》，台北：中央研究院近代史研究所，2012。
- 張朋園，《郭廷以、費正清、韋慕庭：台灣與美國學術交流初探》，台北：中央研究院近代史研究所，1997。
- 陶英惠，《往事不能如煙：陶英惠回憶錄》，台北：秀威科技，2020。

- 陳立文，《宋子文與戰時外交》，台北：國史館，1991。
- 陳正茂編著，《左舜生年譜》，台北：國史館，1998。
- 陳正茂編著，《曾琦先生年譜》，台北：國史館，1996。
- 陳正茂，《逝去的虹影——現代人物述評》，台北：秀威科技，2011。
- 陳明珠，《五四健將——羅家倫傳》，杭州：浙江人民出版社，2006。
- 陳三井，《走過的歲月：一個治史者的心路歷程》，台北：秀威科技，2007。
- 陳三井，《旅歐教育運動：民初融合世界學術的理想》，台北：秀威科技，2013。
- 陳三井，《八十文存：大時代中的史家與史學》，台北：秀威科技，2017。
- 陳三井，《結網集：一位近代史學者的治史歷程》，台北：秀威科技，2018。
- 陳三井，《現代法國問題論集》，台北：學海出版社，1977。
- 陳三井等人訪問，《白崇禧先生訪問紀錄》，上下冊，台北：中央研究院近代史研究所，1984。
- 陳旭麓、李華興主編，《中華民國史辭典》，上海：上海人民出版社，1991。
- 秦孝儀主編，《中國現代史辭典：人物部分》，台北：近代中國出版社，1985。

- 秦孝儀主編，《中國現代史辭典：史事部分》，兩冊，台北：近代中國出版社，1987。
- 《秦孝儀先生紀念文集》，台北：廣達文教基金會，2008。
- 劉偉鵬，《汗青一甲子》，台北：中國國民黨黨史委員會，1990。
- 劉紹唐主編，《民國人物小傳》，台北：傳記文學出版社。
- 羅久芳，《我的父親：羅家倫》，北京：商務印書館，2013。
- 《羅家倫先生文存》，12冊，台北：國史館，1976-1989。
- 蔣永敬，《九五獨白：一位民國史學者的自述》，台北：新銳文創，2017。
- 蔡登山，《讀人閱史：從晚清到民國》，臺北：印刻出版，2011。
- 《傳記文學》，第1卷第1期（1962年6月）至第96卷第1期（2010年1月）。
- 《民主潮》，第9卷第10期（1959年5月）。
- 《全民雜誌》，第4卷第12期（1987年10月）。

沈雲龍大事年表

1910 年	生於江蘇東台縣安豐鎮。
1915 年	隨堂兄入私塾就讀。
1919 年	五四運動起，隨眾參加遊行。
1921 年	插班入善善初等小學四年級肄業。
1924 年	高小畢業，考入東台縣立初中。
1925 年秋	轉學南通江蘇省立七中。
1926 年夏	加入「中國國家主義青年團」。
1927 年秋	升讀區立南通中學高中部。
1929 年	因參加領導學生撤換校長風潮，遭開除。
1930 年	借用堂兄高中畢業文憑，考取上海光華大學。
1931 年	「九一八」事變起，代表學校入京請願。
1933 年	「一二八事變」起，再度因參加示威運動和借用文憑事遭開除學籍。
1935 年 3 月	東渡日本，入東京明治大學攻讀法學。
1937 年 4 月	自東京學成返國。
1937 年 7 月	抗戰軍興。
1937 年 8 月	上海「八一三」事變起，任大中中學教務主任。
1938 年 2 月	辭教職，至福建擔任軍法承審員。
1939 年	至福建永安，任財政廳秘書。
1940 年	舉家遷居上海租界「孤島」，任職光夏中學國文及政治學課程。
1945 年 11 月	應台灣省行政長官公署宣傳委員會主委夏濤聲之邀，來台任該會委員兼主任秘書。
1947 年 2 月	台灣發生「二二八事件」。其後，台灣省行政長官公署撤銷，改為台灣省政府。辭省府參議職，回上海任經濟部上海區燃料管理委員會委員兼主任秘書。

1947 年冬	由中國青年黨提名，高票當選國大代表。
1948 年 3 月	出席第一屆國民大會第一次會議，選舉蔣中正、李宗仁為第一任正、副總統。
1949 年 10 月	中共政權成立後，輾轉來台，仍任職經濟部，公餘為《民主潮》、《新中國評論》、《民主中國》、《自由中國》、《春秋》等雜誌及香港《聯合評論》撰稿。
1957 年至 1976 年	應東吳大學、世界新聞專科學校、銘傳女子專科學校之聘，講授「中國近代史」。出版《中國近代史大綱》教科書。
1958 年至 1987 年	開始整理手頭資料，治近代中國史，並陸續出版《中國共產黨之起源》、《黎元洪評傳》、《近代外交人物述評》、《康有為評傳》、《近代史料考釋》（三冊）、《近代史事與人物》、《尹仲容先生年譜初稿》、《黃膺白先生年譜長編》、《徐世昌評傳》、《耘農七十文存》、《民國史事與人物論叢》、《民國史事與人物論叢續集》等專書十餘種。
1960 年至 1972 年	應中央研究院近代史研究所之聘，主持「口述歷史」訪問工作。
1985 年	出任光復大陸設計研究委員會副主任委員。
1987 年 10 月 11 日	出席《全民雜誌》主辦之「政治衝突與政治溝通座談會」，因心臟病猝逝，享年 78 歲。

本年表之製作，參閱關國煊，〈史學家沈雲龍先生生平〉，《沈雲龍先生紀念集》，頁 25-62。

人名索引

史家薪傳 01

青年黨史家：沈雲龍先生傳
Young China Party Historian:
The Biography of Shen Yun-long

作　　者　陳三井
總 編 輯　陳新林、呂芳上
執行編輯　林弘毅
封面設計　溫心忻
排　　版　溫心忻

出　　版　　開源書局出版有限公司
　　　　　　香港金鐘夏愨道 18 號海富中心
　　　　　　1 座 26 樓 06 室
　　　　　　TEL：+852-35860995

　　　　　　民國歷史文化學社 有限公司
　　　　　　10646 台北市大安區羅斯福路三段
　　　　　　　　37 號 7 樓之 1
　　　　　　TEL：+886-2-2369-6912
　　　　　　FAX：+886-2-2369-6990

初版一刷　2021 年 12 月 31 日
定　　價　新台幣 420 元
　　　　　港　幣 115 元
　　　　　美　元 16 元
I S B N　978-626-7036-53-2
印　　刷　長達印刷有限公司
　　　　　台北市西園路二段 50 巷 4 弄 21 號
　　　　　TEL：+886-2-2304-0488

http://www.rchcs.com.tw

國家圖書館出版品預行編目 (CIP) 資料
青年黨史家：沈雲龍先生傳 = Young China Party
Historian: The biography of Shen Yun-long/ 陳
三井著 . -- 初版 . -- 臺北市：民國歷史文化學社有
限公司 , 2021.12

　　面；　公分 . -- (史家薪傳；1)

ISBN 978-626-7036-53-2 (平裝)

1. 沈雲龍　2. 傳記

783.3886　　　　　　　　　110020473